D0969616

ENFRENTE A SUS GIGANTES

ENFRENTE A SUS GIGANTES

MAX LUCADO

GRUPO NELSON
Una división de Thomas Nelson Publishers
Juntos inspiramos al mundo
www.gruponelson.com

Editorial Betania es una división de Grupo Nelson
© 2006 por Grupo Nelson
Una división de Thomas Nelson, Inc.
Nashville, Tennessee, Estados Unidos de América
www.gruponelson.com

Título en inglés: *Facing Your Giants*
© 2006 por Max Lucado
Publicado por W Publishing Group
Una división de Thomas Nelson, Inc.

A menos que se indique lo contrario, todos los textos bíblicos han sido tomados de la Nueva Versión Internacional® NVI® © 1999 por la Sociedad Bíblica Internacional®. Usado con permiso.

Todos los derechos reservados. Ninguna parte de este libro puede ser reproducida, guardada en un sistema de recuperación o transmitida de ninguna manera o por ningún medio —electrónico, mecánico, fotocopiado, grabado o de otra manera—, excepto por citas cortas en revisiones impresas, sin la previa autorización de la editorial.

ISBN-10: 0-88113-350-7
ISBN-13: 978-0-88113-350-9

Traducción: *Lautaro Pinillos*
Tipografía: *Grupo Nivel Uno, Inc.*

Impreso en Estados Unidos de América.

Denalyn y yo dedicamos con mucho gusto esta edición

a Rod y a Tina Chisholm,

fieles, confiables y alegres servidores.

Le agradecemos a Dios por esta amistad de más de dos décadas.

Otros libros de Max Lucado:

Ficción

La historia de un ángel
La vela de Navidad

Narrativa

Acércate sediento
Aligere su equipaje
Un amor que puedes compartir
Aplauso del cielo
Un cafecito con Max
Como Jesús
Cuando Cristo venga
Cuando Dios susurra tu nombre
Cura para la vida común
Él escogió los clavos
En el ojo de la tormenta
En manos de la gracia
Experimente el corazón de Jesús
Gracia para todo momento, Vol. 1
Gracia para todo momento, Vol. 2
La gran casa de Dios
Lo hizo por ti
El regalo para todo el mundo
Mi Salvador y vecino
Todavía remueve piedras
El trueno apacible
Para estos tiempos difíciles

visite www.maxlucado.com

CONTENIDO

AGRADECIMIENTOS

Es larga la lista de gente que ayudó para que este libro viera la luz. Cada uno merece una ovación de pie y una jubilación anticipada.

Los editores Liz Heaney y Karen Hill. Gracias por asistir a autores cabeza dura. Ustedes escribieron este libro.

Steve y Cheryl Green. Si el país tuviera supervisores como ustedes, todos podríamos dormir mejor. Gracias por un millón y un actos de servicio.

David Moberg y al equipo W. El estándar más alto en publicaciones.

Susan Ligon. Su devoción a los detalles sólo la excede su devoción a Cristo. Estoy muy agradecido.

Sam Moore, Mike Hyatt y la familia Thomas Nelson. Si un equipo mejor existe, no lo conozco.

Los ministros, el personal y los de alto cargo de Oak Hills. Continúen siendo un hogar para cada corazón.

La familia UpWords, Becky, Margaret y Tina. ¡Qué dones tienen y qué regalo son!

Eugene Peterson. Cada lectura de un libro tuyo me conmueve. *Leap Over a Wall* [Saltar una muralla] me cambió. Donde mis palabras se parecen mucho a las tuyas, perdóname; el crédito te pertenece.

Carol Bartley. Scotland Yard debería tener esta clase de detectives. Me siento intimidado por sus aptitudes editoriales.

Steve Halliday. Gracias por otra guía de estudio tan relevante.

David Treat. Sus plegarias llevaron estas palabras al cielo.

Mis tres hijas: Jenna, Andrea y Sara. Cada día más hermosas, cada día más piadosas.

Y a Denalyn. Si hubiera una ley que limitase el amor de un esposo por su esposa, tendrías que visitarme a la cárcel. Después de 25 años, todavía estoy fascinado por ti.

1

ENFRENTE A SUS GIGANTES

EL ESBELTO, imberbe muchacho, se hinca cerca del arroyo. Se humedece las rodillas. Mueve el agua para refrescar su mano. Lo percibió. Pudo estudiar sus bellas facciones en el agua. Cabello del color del cobre. Bronceada y rubicunda piel y ojos que le hacen perder el aliento a las doncellas. Pero no buscaba su reflejo, sino rocas. Piedras. Piedras lisas. La clase de piedras que se pueden apilar cuidadosamente en la bolsa de un pastor, o que quedan niveladas contra su honda de cuero. Rocas chatas que se balancean pesadas sobre la palma y se proyectan con una fuerza de cometa estrellándose en la cabeza de un león, de un oso o, como en este caso, de un gigante.

Goliat mira fijamente hacia abajo desde la ladera. Sólo la incredulidad le reprime la risa. Él y una multitud de filisteos han convertido la mitad de su valle en un bosque de lanzas y jabalinas; una banda de rufianes con pañuelos en sus cabezas, olores corporales y tatuajes de alambre de espino ruge sanguinariamente. Goliat los dominaba a todos: mide dos metros noventa y siete de alto desde la planta de sus pies, carga setenta y dos kilogramos de armadura y gruñe como si fuera el principal evento en el campeonato nocturno de la Federación Mundial de Lucha Libre. Mide 50 de cuello, 25 $^{1}/_{2}$ de cabeza y 142 centímetros de cintura. Sus bíceps estallan, los músculos de sus muslos ondulan y en vano se jacta a lo largo del cañón. «¡Yo desafío hoy al ejército de Israel! ¡Elijan a un hombre que pelee conmigo!» (1 Samuel 17.10) *¿Quién se anima a pelear mano a mano conmigo? ¿Quién se atreve?* Ningún hebreo. Hasta hoy. Hasta David.

David recién había aparecido esa mañana. Dejó su actividad con las ovejas para entregarles pan y queso a sus hermanos en el frente de batalla. Allí escuchó a Goliat desafiar a Dios, y allí se decidió. «Tomó su cayado, fue al río a escoger cinco piedras lisas, y las metió en su bolsa de pastor. Luego, honda en mano, se acercó al filisteo» (v. 40).[1]

Goliat se burla del muchacho apodándolo «esmirriado». «¿Soy acaso un perro para que vengas a atacarme con palos?» (v. 43). Flaco y esquelético, David. Voluminoso y bruto, Goliat. El mondadientes versus el tornado. La minibicicleta atacando a un camión de dieciocho ruedas. El perro caniche encargándose del Rottweiler. ¿Cuántas probabilidades le da a David contra su gigante?

Mejores que las que se da usted mismo contra su propio gigante.

Su Goliat no lleva ni espada ni escudo; sacude la hoja del desempleo, del abandono, del abuso sexual o de la depresión. Su gigante no desfila de un lado al otro de las colinas del Elah; anda presuntuoso a través de su oficina, su dormitorio, su salón de clases. Le trae facturas que usted no puede pagar, posiciones que no puede alcanzar, gente a la que no puede complacer, whisky que no puede resistir, pornografía que no puede rechazar, una profesión de la que no puede escapar, un pasado que no puede sacarse de encima y un futuro al que no puede enfrentar.

Usted conoce muy bien el bramido de Goliat.

David se enfrentó a uno que lo puso en alerta y lo desafió día y noche. «El filisteo salía mañana y tarde a desafiar a los israelitas», y así lo estuvo haciendo «durante cuarenta días» (v. 16). Usted hace lo mismo. Primer pensamiento matutino, última preocupación de la noche; su Goliat domina su día, y se infiltra en su alegría.

Primer pensamiento matutino, última preocupación de la noche; su Goliat domina su día, y se infiltra en su alegría.

¿Cuánto tiempo hace que lo acecha? La familia de Goliat fue una antigua adversaria de los israelitas. Josué los había conducido a la tierra prometida trescientos años atrás. Desterró a todos excepto a los residentes de dos ciudades: Gat y Asdod. Gat engendra gigantes como crecen las secuoyas en el Parque Nacional de Yosemite. Adivine dónde se crió Goliat. Observe la «G» sobre su chaqueta de estudiante: Colegio Gat. Sus ancestros eran a los hebreos lo que los piratas a la marina de Su Majestad.

Los soldados de Saúl vieron a Goliat y murmuraron: «Otra vez no. Mi padre peleó con su padre. Mi abuelo peleó con su abuelo».

Usted ha gemido palabras similares. «Me he convertido en un adicto al trabajo, justo como mi padre». «El divorcio envenena nuestro árbol genealógico tal como la enfermedad que le produce hongos al roble». «Mi madre tampoco pudo conservar un amigo. ¿Jamás terminará esto?»

Goliat, el más antiguo matón del valle. Más duro que un bistec de dos dólares. Más gruñidor que dos dóberman. Él lo espera por las mañanas y lo atormenta por las noches. Les siguió los pasos a sus ancestros y ahora lo amenaza a usted. Le obstaculiza el sol y lo deja parado en la sombra de la duda. «Al oír lo que decía el filisteo, Saúl y todos los israelitas se consternaron y tuvieron mucho miedo» (v. 11).

Pero ¿qué le estoy diciendo? Conoce a Goliat. Reconoce sus pasos y se estremece ante su charla. Ha visto a su Godzilla; la pregunta es: ¿es él todo lo que ve? Conoce su voz, pero ¿es eso todo lo que usted

---

Ha visto a su Godzilla;
la pregunta es: ¿es él todo lo que ve?

---

escucha? David vio y escuchó más. Lea las primeras palabras que dijo, no sólo en la batalla, sino en la Biblia. «David preguntó a los que estaban con él: ¿Qué dicen que le darán a quien mate a ese filisteo y salve así el honor de Israel? ¿Quién se cree este filisteo pagano, que se atreve a desafiar al ejército del Dios viviente?» (v. 26)

David puso de manifiesto el tema de Dios. Los soldados no mencionaron nada sobre Él, los hermanos nunca pronunciaron su nombre, pero David dio un paso sobre la plataforma y planteó el tema del Dios Viviente. Hace lo mismo con el rey Saúl, no cháchara sobre la batalla o preguntas sobre las probabilidades. Sólo la anunciación del nacimiento de Dios. «El Señor, que me libró de las garras del león y del oso, también me librará del poder de ese filisteo» (v. 37).

Continúa el tema sobre Goliat. Cuando el gigante se burla de David, el muchacho pastor, contesta:

> «Tú vienes contra mí con espada, lanza y jabalina, pero yo vengo a ti en el nombre del Señor Todopoderoso, el Dios de los ejércitos de Israel, a los que has desafiado. Hoy mismo el Señor te

entregará en mis manos; y yo te mataré y te cortaré la cabeza. Hoy mismo echaré los cadáveres del ejército filisteo a las aves del cielo y a las fieras del campo, y todo el mundo sabrá que hay un Dios en Israel. Todos los que están aquí reconocerán que el Señor salva sin necesidad de espada ni de lanza. La batalla es del Señor, y él los entregará a ustedes en nuestras manos» (vv. 45-47).

Nadie más habla sobre Dios. David no habla sobre nadie más que Dios.

Un segundo tema aparece en la historia. Más que «David versus Goliat» es «Dios versus el gigante».

David ve lo que los demás no ven, y rechaza ver lo que los otros ven. Todos los ojos, excepto los de David, recaen sobre el brutal Hulk, que respira odio. Todos los límites, menos el de David, se detienen en la estrella polar de los filisteos. Todos los diarios, menos el de David, describen día tras día la tierra del Neanderthal. La gente conoce sus expresiones humillantes, sus exigencias, su tamaño y sus pavoneos. Se especializa en Goliat.

David se especializa en Dios. Él no ve al gigante; por el contrario, sólo ve a Dios. Observe cuidadosamente el grito de guerra de David: «Tú vienes contra mí con espada, lanza y jabalina, pero yo vengo a ti en el nombre del Señor Todopoderoso, el Dios de los ejércitos de Israel, a los que has desafiado» (v. 45).

Fíjese el plural del sustantivo, *ejércitos* de Israel. ¿Ejércitos? El observador común ve sólo un ejército de Israel. David no. Él ve a los aliados en el Día D: un pelotón de ángeles y una infantería de santos, las armas del viento y las fuerzas de la Tierra. Dios podría «perdigonear» al enemigo con granizo como lo hizo para Moisés, derrumbar paredes como lo hizo para Josué, provocar truenos como lo hizo para Samuel.[2]

David mira al ejército de Dios. Y entonces David se apura y corre hacia la línea de batalla para hacerles frente a los filisteos (v. 48).[3]

Los hermanos de David se cubren los ojos, por temor y por vergüenza. Saúl suspira mientras el joven hebreo corre hacia una muerte segura. Goliat hecha su cabeza hacia atrás riendo, suficiente como para quitar su casco y exponer carne de su frente. David localizó el objetivo y midió el momento. El sonido del remolino de la honda es el único que se escucha en el valle. Ssshhhww. Sssshhhww. Ssshhhww. La piedra va como un torpedo hacia el cráneo. Cruza los ojos de Goliat y le dobla las piernas. Este colapsa en la tierra y muere. David corre hacia él y le arranca la espada de su vaina, hace shish kebab al palestino y corta su cabeza.

Usted podría decir que David sabía cómo conseguir la cabeza de su gigante.

¿Cuándo fue la última vez que hizo lo mismo? ¿Cuánto tiempo pasó desde que corrió hacia su meta? Tratamos de escondernos, de hundirnos detrás de un escritorio o gatear en la distracción de un club nocturno o en la cama prohibida del amor. Por un momento, un día o un año, nos sentimos a salvo, aislados, anestesiados, pero entonces el trabajo se termina, el licor se consume o el amante se va, y escuchamos a Goliat otra vez. Retumbando. Rimbombantemente.

Ponga en práctica una táctica diferente. Precipite al gigante con el alma saturada de Dios. Amplifique a Dios y minimice a Goliat. Cargue algunas de las resoluciones que no se pueden acallar. *¡Gigante del divorcio, no entres a mi casa! ¿Gigante de la depresión? Podría llevarme una vida, pero no me conquistarás. Gigante del alcohol, de la intolerancia, del abuso infantil, de la inseguridad... te vas a caer.* ¿Cuánto tiempo pasó desde que cargó su honda y golpeó a su gigante?

¿Demasiado tiempo, dice? Entonces David es su modelo. Dios lo llamó «un hombre conforme a mi corazón» (Hechos 13.22). Él no le dio esa denominación a nadie más. Ni a Abraham ni a Moisés ni a

---

Precipite al gigante con el alma saturada de Dios.

Josué. A Pablo lo llamó su apóstol; a Juan, su amado, pero a ninguno lo denominó «un hombre conforme al corazón de Dios».

Uno podría leer la historia de David y preguntarse qué vio Dios en él. El muchacho se caía tan pronto como se levantaba; tambaleaba tan a menudo como conquistaba. Miraba atónito a Goliat; más aun, se comía con los ojos a Betsabé. Desafiaba a los que se burlaban de Dios en el valle y se unía a ellos en el desierto. Un *eagle scout* [águila exploradora] un día, compinche de la mafia el siguiente. Podía conducir ejércitos, pero no podía manejar una familia. Furioso David. Sollozador David. Sanguinario. Ávido de Dios. Ocho esposas. Un Dios.

¿Un hombre conforme al corazón de Dios? Lo que Dios vio en él, nos da esperanzas a todos nosotros. La vida de David tiene poco que ofrecer al santo sin manchas. Las almas perfectas encuentran la historia de David decepcionante. El resto, tranquilizadora. Manejamos la misma montaña rusa. Alternamos entre saltos de ángel y planchazos, suflés y tostadas quemadas.

En los momentos buenos de David, nadie es mejor. En sus malos momentos, ¿puede alguien ser peor? El corazón amado de Dios, era una persona con altibajos.

Necesitamos la historia de David. Los gigantes merodean en nuestro barrio. Rechazo. Fracaso. Venganza. Remordimiento. Nuestras luchas leen un itinerario de luchadores profesionales:

- «En el principal evento, tenemos a Joe el decente muchacho versus la fraternidad de *Animal House* [La casa de los animales]».
- «Pesando 50 kilogramos, Elizabeth la chica cajera peleará con los odiosos que toman su corazón y lo rompen».
- «En este rincón, el poco claro matrimonio de Jason y Patricia. En el rincón opuesto el contrincante del estado de confusión, el destructor del hogar llamado Desconfianza».

Gigantes. Debemos enfrentarlos. Sin embargo, no necesitamos enfrentarlos solos. Céntrese primero y principalmente en Dios. La vez que David lo hizo, los gigantes cayeron.

Examine esta teoría con una Biblia abierta. Lea 1 Samuel 17 y haga una lista de las observaciones que David confeccionó respecto de Goliat.

Gigantes. Debemos enfrentarlos.

Sin embargo, no necesitamos enfrentarlos solos.

Yo encontré sólo una: «¿Quién es ese filisteo incircunciso para desafiar a las huestes del Dios viviente?» (v. 26)

Eso es. Un comentario (chabacano) relacionado con Goliat, sin preguntas. Sin preguntas acerca de las aptitudes de Goliat, su edad, clase social o cociente intelectual. David no pregunta nada sobre el peso de la lanza, el tamaño del escudo o el significado del cráneo y el alambre de espino tatuados en el bíceps del gigante. David no piensa sobre el diplodoco en la colina. Nada absolutamente. Pero piensa más en Dios. Lea las palabras de David otra vez, esta vez subraye las referencias a su Señor.

«Las huestes del *Dios viviente*» (v. 26).

«Las huestes del *Dios viviente*» (v. 36).

«*El Señor* de los ejércitos, el Dios de las huestes de Israel» (v. 45).

«*El Señor* te entregará en mis manos… toda la tierra sabrá que *hay un Dios* para Israel» (v. 46).

«*El Señor* da la victoria sin espada ni lanza. *Porque ésta es una guerra del Señor, y él los entregará en nuestras manos*» (v. 47).[4]

¿Está cuatro veces tan predispuesto a describir la fuerza de Dios que lo está para describir las demandas de su día?

Cuento nueve referencias. Los pensamientos sobre Dios superan a los de Goliat nueve a dos. ¿Cómo se compara esta proporción con la suya? ¿Considera la gracia de Dios cuatro veces más que lo que considera sus culpas? ¿Es su lista de bendiciones cuatro veces más extensa como su lista de reclamos? ¿Es su archivo mental de esperanza cuatro veces más grueso que su archivo mental de temores? ¿Está cuatro veces más dispuesto a describir la fuerza de Dios como lo está para describir las demandas de su día?

¿No? Entonces David es su hombre.

Alguna nota de ausencia de milagros en la historia. Mares rojos abiertos, no; carros en llamas, no; o Lázaros que habían muerto, caminando. Milagros no.

Pero hay uno. David es uno. Una persona sin pulir se preguntaba sobre Dios e iluminaba esta verdad:

Centrándose en sus gigantes, usted tropieza.

Centrándose en Dios, sus gigantes caen.

Levanta tus ojos, gigante asesino. El Dios que hizo un milagro por David está listo para hacer uno por usted.

2

Llamadas silenciosas

Otros sucesos de mi sexto grado se desdibujaron. No recuerdo mi escuela primaria o los planes de vacaciones de mi familia. No puedo decirle el nombre de la niña de cabello marrón que me gustaba o el director de la escuela. Pero, ¿esa tarde de primavera de 1976? Clara como el cristal.

Estoy sentado en el dormitorio de mis padres. La conversación de la cena flota en las nebulosas. Tenemos invitados, pero pido dejar la mesa. Mi madre había preparado pastel, pero no quiero postre. Sociable, no. Apetito, no. ¿Quién tiene tiempo para cháchara o pastel en este momento?

Necesito concentrarme en el teléfono.

Esperé la llamada antes de la comida. No llegó. Presté atención al sonido durante la comida. No sonó. Ahora estoy mirando fijamente el teléfono como un perro a su hueso, ilusionándome con que el entrenador de la Liga Juvenil me diga que estoy en su equipo de béisbol.

Estoy sentado sobre la cama, con mi guante muy cerca. Puedo escuchar a mis amigotes jugar afuera, en la calle. No les presto atención. Todo lo que cuenta es el teléfono. Quiero que suene.

No suena.

Los invitados se retiran. Ayudo a lavar los platos y termino mi tarea. Papá me palmea la espalda. Mamá me dice palabras cálidas. La hora de irse a la cama está cerca. Y el teléfono nunca suena. Permanece en silencio. Un doloroso silencio.

Si observamos el panorama general, no entrar en el equipo de béisbol preocupa poco. Pero un niño de doce años no puede abarcarlo en su totalidad, y era muy importante poder formar parte del equipo. Todo lo que pude pensar en esos momentos fue qué les diría a mis compañeros de clase cuando me preguntaran cuál equipo me había elegido.

Usted conoce lo que se siente, sabe de lo que le hablo. El teléfono no sonó tampoco para usted. Y no lo hizo cuando era muy importante de verdad. Cuando solicitó un empleo, o en el club, trató de que ocurriera, o de obtener ayuda... pero el llamado nunca apareció. Usted conoce el dolor que se siente cuando se espera el sonido del teléfono y sin embargo este no suena. Todos lo conocemos.

Para ese momento hemos acuñado distintas frases. Lo dejaron «con las manos vacías». La dejaron «parada en el altar». Los dejaron «sin beneficios». O, mi favorito, «él está afuera, cuidando de las ovejas». Ese fue el caso de David.

Usted conoce el dolor que se siente cuando se espera el sonido del teléfono y sin embargo este no suena. Todos lo conocemos.

Su historia comienza no sobre el campo de batalla con Goliat, sino en las antiguas laderas de Israel, como un sacerdote de barba plateada que pasea descendiendo el angosto sendero. Una vaquilla se mueve torpemente detrás. Por delante se encuentra Belén. Hay en él una inminente preocupación. Los granjeros en sus campos notan su presencia.

Aquellos que conocen su rostro susurran su nombre. Los que escuchan el nombre se vuelven para mirar fijamente su rostro.

¿Samuel? El sacerdote elegido por Dios. Cuidado maternalmente por Ana, guiado por Elí, llamado por Dios. Cuando el hijo de Elí se tornó agrio, el joven Samuel se ofreció. Cuando Israel necesitó un enfoque espiritual, Samuel lo proveyó. Cuando Israel quiso un rey, Samuel designó uno... Saúl. El mismísimo nombre hacía que Samuel gruñera. *Saúl. El alto Saúl. El fuerte Saúl. Los israelitas habían querido un rey... entonces tenemos un rey. Ellos habían querido un líder... entonces tenemos... un ser despreciable.* Samuel miraba fugazmente de lado a lado, con temor de que pudiese decir en voz alta lo que sólo intentaba pensar.

Nadie lo escucha. Está a salvo... tan a salvo como puede estarlo usted en el régimen de un rey que se convirtió en maníaco. El corazón de Saúl se está poniendo más duro, sus ojos incluso más salvajes. No es el rey que solía ser. Hasta en los ojos de Dios, ya no es más rey. El Señor le dijo a Samuel:

> «¿Cuánto tiempo vas a quedarte llorando por Saúl, si ya lo he rechazado como rey de Israel? Mejor llena de aceite tu cuerno, y ponte en camino. Voy a enviarte a Belén, a la casa de Isaí, pues he escogido como rey a uno de sus hijos» (1 Samuel 16.1).

Y entonces Samuel camina el sendero que lo conduce a Belén. Su estómago se revuelve y sus pensamientos se aceleran. Es peligroso designar un rey cuando Israel ya tiene uno. Y más peligroso aún es vivir sin líder en esos tiempos explosivos.

El año 1000 A.C. era una época mala para esa destartalada colección de tribus llamadas Israel. Josué y Moisés eran héroes de la clase de Historia. Tres siglos de invierno espiritual habían congelado la fe de la gente. Un escritor describió los días de Josué y Samuel con esta lacónica frase: «En aquella época no había rey en Israel; cada uno hacía lo que le parecía mejor» (Jueces 21.25). La corrupción impulsa el desbaratamiento. La inmoralidad engendra la brutalidad. La gente había demandado un rey, pero más que salvar el barco, Saúl casi lo había hundido. La elección de la gente resultó ser un psicótico y garrafal error.

Y entonces estaban los filisteos: guerreros, sanguinarios, descendientes de gigantes, que monopolizaban el hierro y los trabajos con ese metal. Eran grises, los hebreos eran color salmón. Los filisteos construyeron ciudades, los hebreos se agrupaban en tribus y tiendas. Los filisteos producían armas de acero, los hebreos peleaban con hondas y flechas primitivas. Los filisteos hacían tronar sus carros relampagueantes, los israelitas respondían con instrumentos de labranza convertidos en armas y con cuchillos. «Así que ninguno de los soldados israelitas tenía espada o lanza, excepto Saúl y Jonatán» (1 Samuel 13.22).

Corrupción desde adentro. Peligro desde afuera. Saúl estaba débil. La nación, más débil. ¿Qué debería haber hecho Samuel? ¿Qué hizo Dios? Hizo lo que nadie imaginó. Concedió una invitación sorpresa para el don nadie de Ningunlado.

Envió a Samuel a Red Eye, Minnesota. En realidad no. Envió al sacerdote a Sawgrass, Mississippi. No, no exactamente. Le dio a Samuel un pasaje de autobús a Muleshoe, Texas.

Está bien, no hizo eso tampoco. Pero podría haberlo hecho. La Belén de su época igualaba a Red Eye, Sawgrass o Muleshoe de la nuestra: una ciudad dormida que el tiempo olvidó, acurrucada en la falda de la montaña, aproximadamente a diez kilómetros al sur de Jerusalén. Belén se encuentra a seiscientos metros sobre el Mediterráneo, mirando condescendiente las suaves verdes colinas que se alisan en una desolada y áspera tierra de pastoreo. Rut conoció esa aldea. Jesús emitiría su primer llanto bajo el cielo de Belén.

Pero mil años antes había un bebé en el pesebre, Samuel entra en la villa, tirando de una vaquilla. Su llegada vuelve las cabezas de los ciudadanos. Los profetas no visitan Belén. ¿Ha venido a castigar a alguien o a esconderse en algún lugar? Ninguna de las dos cosas, asegura el sacerdote. Sacrifica el animal a Dios, dirige a la gente a una celebración, y luego pide una audiencia con el granjero local llamado Isaí, y le solicita ver a sus hijos.

La escena es como una exposición canina. Isaí hace desfilar a sus hijos uno por vez, como canes con correas. Samuel los examina desde distintos ángulos, listo más de una vez para darle la cinta azul, pero cada vez Dios lo detiene.

Eliab, el mayor, parece la elección lógica. Imagínelo a él como el Casanova de la villa: de cabello ondulado, fuerte mandíbula. Usa pantalones vaqueros ajustados y una sonrisa como el teclado de un piano. *Este es el muchacho*, piensa Samuel.

«Equivocado», dice Dios.

Abinadab entra como hermano y concursante número dos. Usted creería que entró un modelo de la revista *Gentlemen's Quarterly.* Traje italiano, zapatos de piel de caimán, cabello negro azabache, peinado hacia atrás con gel. ¿Quiere un rey con clase? Abinadab tiene todo el glamour.

Dios no tiene que ver con la elegancia. Samuel pide por el hermano número tres, Sama. Es amante de los libros, estudioso. Podría tener un carisma superficial, aunque con rajaduras en el cerebro. Tiene una licenciatura de la universidad estatal y aspira a un programa de posgrado en Egipto.

Isaí le susurra a Samuel: «Graduado con las mejores notas del Colegio Belén».

Samuel está impresionado, pero Dios no. Le recuerda al pastor: «No te dejes impresionar por su apariencia ni por su estatura, pues yo lo he rechazado. La gente se fija en las apariencias, pero yo me fijo en el corazón» (1 Samuel 16.7).

Siete hijos pasan. Siete hijos fracasan. La procesión se detiene.

Samuel cuenta a los hermanos: uno, dos, tres, cuatro, cinco, seis, siete. «Isaí, ¿no tiene ocho hijos?» Una pregunta similar hizo que la madrastra de Cenicienta retrocediera. Isaí probablemente hizo lo mismo. «Queda el más pequeño, respondió Isaí, pero está cuidando el rebaño» (v. 11).

En hebreo «el más joven de los hijos» es *haqqaton*. Implica más que la edad, sugiere el rango. El *haqqaton* era más que el hermano menor, era el *pequeño* hermano, el renacuajo, el hobbit (personaje imaginario creado por Tolkien), el bebé.

Cuidar las ovejas le corresponde al *haqqaton* de la familia. Poner al muchacho donde no pueda causar problemas. Dejarlo con cabezas de lana y cielos abiertos.

«No te dejes impresionar por su apariencia ni por su estatura, pues yo lo he rechazado. La gente se fija en las apariencias, pero yo me fijo en el corazón» (1 *Samuel* 16.7).

Y allí es donde encontramos a David, en el pasto con el rebaño. Las Escrituras le dedican sesenta y seis capítulos a su historia, más que a nadie en la Biblia. El Nuevo Testamento menciona su nombre cincuenta y nueve veces. Él fundará y habitará la ciudad más famosa, Jerusalén. Al Hijo de Dios lo llamarán el Hijo de David. El más grande salmo fluirá de su lápiz. Nosotros lo llamaremos rey, guerrero, trovador, juglar y el que mata gigantes. Pero hoy todavía no lo incluyen en las reuniones familiares; simplemente lo olvidan, un niño indocumentado, que realiza una tarea poco importante, en un punto del mapa.

¿Qué hizo que Dios lo eligiera? Queremos saber. Realmente queremos saber.

Después de todo, hemos caminado sobre el pasto de David, el pasto de la exclusión.

Nos cansamos del sistema superficial de la sociedad, de que nos clasifiquen de acuerdo a lo que mide nuestra cintura, el tamaño de nuestra casa, el color de nuestra piel, la marca de nuestro auto, la etiqueta de nuestra ropa, la dimensión de nuestra oficina, la presencia de diplomas, la ausencia de acné. ¿No nos cansamos ya de ese juego?

Se ignora el trabajo duro. No se recompensa la devoción. El jefe elige el escote por sobre el carácter. La maestra elige al estudiante preferido en lugar de los preparados. Los padres muestran a sus hijos favoritos y dejan a sus renacuajos fuera, en el campo. ¡Oh, el Goliat de la exclusión!

¿Está enfermo de él? Entonces es el momento de dejar de mirarlo fijamente. ¿A quién le importa lo que él o ellos piensen? Lo que importa es lo que su Creador piense: «Pero el Señor le dijo a Samuel: No te dejes impresionar por su apariencia ni por su estatura, pues yo lo he rechazado. La gente se fija en las apariencias, pero yo me fijo en el corazón» (v. 7).

Esas palabras se escribieron para los *haqqatons* de la sociedad, para los inadaptados y expulsados. Dios los usa a todos ellos.

Moisés se escapó de la justicia, pero Dios lo utilizó.

Jonás huyó de Dios, pero Dios lo utilizó.

Rahab conducía un burdel, Sansón fue tras una mujer equivocada, Jacob corría en círculos, Rut se fue a una tierra distante. Elías corrió hacia las montañas, Sara se quedó sin esperanzas, Lot se unió al grupo equivocado, pero Dios los utilizó a todos.

¿Y David? Dios vio al muchacho adolescente en las afueras de Belén, en la intersección del aburrimiento y el anonimato, y a través de la voz de un hermano, Dios llamó: «¡David!, ven. Alguien quiere verte». Los ojos de los humanos vieron a un joven desgarbado entrar en la casa, oliendo como a oveja y con la apariencia de necesitar un baño. Sin embargo: «El Señor le dijo a Samuel: Éste es; levántate y úngelo» (v. 12).

Dios vio lo que ningún otro vio: un Dios que busca un corazón. David, por todas sus debilidades, buscó a Dios como una alondra

---

Dios examina los corazones.

Cuando encuentra uno que confía en Él, lo llama y lo hace suyo.

---

busca el amanecer, y se pareció al corazón de Dios porque permaneció en el corazón de Dios. Finalmente, eso es todo lo que Dios quería o necesitaba... quiere y necesita. Otros miden el tamaño de su cintura o su billetera. No Dios. Él examina los corazones. Cuando encuentra uno que confía en Él, lo llama y lo hace suyo.

A propósito, ¿recuerda cómo esperé que el teléfono sonara aquella noche? Nunca sonó. Pero el timbre de la puerta sí.

Bastante después de que mis esperanzas se hubiesen marchado y mi guante estuviese colgado, el timbre de la puerta sonó. Era el entrenador. Hizo parecer como si yo fuera la elección más importante y dijo que pensó que su asistente me había llamado. Sólo más tarde supe la verdad. Fui su última elección. Y si no hubiese sido por un llamado de mi padre, hubiese estado fuera del equipo.

Pero mi papá llamó, y el entrenador vino, y estuve encantado de jugar.

La historia del joven David nos asegura a nosotros esto: Su Padre conoce su corazón, y porque es así, tiene un lugar reservado sólo para usted.

3

El furioso Saúl

SHARON CHEQUEA su espejo retrovisor... otra vez. Estudia las caras de los otros conductores... otra vez. Mantiene los ojos bien abiertos porque sabe que él la seguirá... otra vez.

«Nada me alejará de ti —fue el mensaje que Tony le había dejado en su contestador telefónico—. Yo soy tu esposo».

La ira hasta el paroxismo de su ex esposo, los puñetazos volando y los ojos negros la condujeron al divorcio. Pero todavía él no obedecía las advertencias, ignoraba las órdenes restrictivas y se burlaba de la ley.

Entonces Sharon chequeaba el espejo retrovisor una vez más.

Bajando la calle, dando vuelta la esquina, un oficinista llamado Adam hace su propio chequeo. Le da un vistazo a la puerta de la oficina de su jefe, ve que la silla está vacía y siente algún alivio. Con algo de suerte tendrá una hora, quizá dos, antes de que «Tacaño del mundo.com» aparezca en la entrada, probablemente con resaca, furioso y desorientado.

Tacaño Jr. había heredado la compañía de Tacaño. El señor Manejador del negocio frustra a Junior, que vuelca esa frustración en los empleados: les pide siempre un poco más de lo máximo. Como le ocurre a Adam, Junior despotrica contra las personas diariamente, y hace comentarios que expresan admiración sobre la frecuencia del paso del cometa Haley...

Sharon elude a su ex esposo, Adam evita a su jefe, ¿y usted? ¿Qué ogros recorren su mundo?

Madres absorbentes. Entrenadores de la escuela de Stalin. La ruda maestra de matemáticas. El autoproclamado «comandante» de la oficina. El rey que resuelve ensartar al pastor a la pared.

Este último viene después de David. Pobre David. El Valle de Elah resultó ser un campo de entrenamiento para la corte del rey. Cuando Goliat perdió su cabeza, los israelitas convirtieron a David en héroe. La gente le ofreció un desfile y cantó: «Saúl destruyó a un ejército, ¡pero David aniquiló a diez!» (1 Samuel 18.7)

Saúl hace erupción como el Vesuvio que es. Saúl observa a David. «Y a partir de esa ocasión» (v. 9), el rey es ya un alma turbulenta, propenso a erupciones de enojo, suficientemente loco como para comer abejas. La popularidad de David salpica gasolina en el temperamento de Saúl. «¡A éste lo clavo en la pared!» (v. 11)

Saúl trata de matar al hijo de oro de Belén en seis diferentes oportunidades. Primero, lo invita a casarse con su hija Mical. Hace pasar esto como una amable actitud, hasta que usted lea la grosera dote que le pide a David. Cien prepucios de filisteos. *Con seguridad uno de ellos lo matará,* piensa esperanzado. Pero eso no ocurre. David redobla el pedido y retorna triunfante (vv. 25-27).

Saúl no abandona el intento de deshacerse de él, y les comunica a sus oficiales y a Jonatán su decisión de matarlo, pero ellos rechazan la idea (19.1). Prueba con una lanza en otra oportunidad, pero fracasa (v. 10). Saúl envía mensajeros a la casa de David para matarlo, pero su esposa Mical lo ayuda a escapar a través de una ventana. David el correcaminos está ligeramente mejor preparado que Saúl, el coyote.

La ira de Saúl deja perplejo a David. ¿Qué ha hecho, sólo algo bueno? Ha traído curación musical al torturado espíritu de Saúl; esperanza a la debilitada nación. Es el Abraham Lincoln de la calamidad israelita, redimiendo a la república y haciéndolo de forma tan modesta y honrada. Se comporta sabiamente «en todas sus expediciones» (v. 14). «Pero todos en Israel y Judá sentían gran aprecio por David» (v. 16). David se comporta «con más éxito que los otros oficiales de Saúl. Por eso llegó a ser muy famoso» (v. 30).

No obstante, el volcán Saúl se mantiene en erupción con las hazañas de David, enviándole lanzas voladoras y conspiraciones asesinas. Nosotros entendemos la pregunta de David a Jonatán: «¿Qué he hecho yo?» le preguntó. «¿Qué crimen o delito he cometido contra tu padre, para que él quiera matarme?» (20.1)

Jonatán no tiene, por no existir, respuestas para dar. ¿Quién puede explicar la rabia de Saúl?

¿Quién sabe por qué un padre atormenta a su hijo, una esposa subestima a su marido, un jefe hace enfrentar a los empleados? Pero ellos lo hacen. Saúl todavía arde de cólera con nuestro mundo. Hay dictadores que torturan, presidentes que seducen, ministros que abusan, sacerdotes que importunan, el fuerte y poderoso controla y engatusa al vulnerable e inocente. Saúl todavía acecha a David.

¿Cómo responde Dios en ese caso? ¿Destruyéndolos? Podríamos querer eso de Él. Se le ha conocido por extraer a unos pocos Herodes o faraones. ¿Cómo los tratará a ellos? No puedo decirlo. Pero cómo lo tratará a usted, sí puedo. Él le enviará a un Jonatán.

Dios contrarresta la crueldad de Saúl con la lealtad de Jonatán. Jonatán pudo haber sido tan celoso como Saúl. Como hijo de Saúl se presenta a heredar el trono. Como noble soldado, peleaba contra los filisteos mientras David alimentaba ovejas.

Jonatán hubiese tenido razón en despreciar a David, pero no lo hizo. Fue cortés. Cortés porque la mano del Maestro Tejedor tomó los corazones de Jonatán y David y realizó un tejido alrededor de ellos. «Jonatán, por su parte, entabló con David una amistad entrañable y llegó a quererlo como a sí mismo» (1 Samuel 18.1).

La mano del Maestro Tejedor tomó los corazones de Jonathan y David y realizó un tejido alrededor de ellos.

Como si los dos corazones fueran dos telas, Dios los cosió juntos. Entonces, cuando uno se movía, el otro lo sentía. Cuando uno se estiraba, el otro lo sabía.

El mismo día en que David derrota a Goliat, Jonatán promete su lealtad.

> «Entonces Jonatán y David hicieron un pacto, porque él lo amaba como a su propia alma. Se quitó el manto que llevaba puesto y se lo dio a David; también le dio su túnica, e incluso su espada, su arco y su cinturón» (vv. 3-4).

Jonatán reemplaza la ropa de pastor de David por su propia túnica de color púrpura: la vestimenta de un príncipe. Le regala su espada. De hecho, corona a David. El heredero del trono renuncia a este.

Y entonces, protege a David. Cuando Jonatán escucha la conjura de Saúl, le informa a su nuevo amigo. Cuando Saúl siguió a David, Jonatán lo escondió. Por lo general, emite advertencias como esta: «Mi padre Saúl está buscando una oportunidad para matarte. Así que ten mucho cuidado mañana; escóndete en algún sitio seguro, y quédate allí» (19.2).

Jonatán le entrega a David una promesa, ropa y protección: «Hay amigos más fieles que un hermano» (Proverbios 18.24). David encontró un amigo así en el hijo de Saúl.

Oh, tener un amigo como Jonatán... Un amigo del alma que lo proteja, que no busque nada, sólo su interés, que no quiera nada, sólo su felicidad. Un aliado que le permita ser usted. Se siente seguro con esa persona. No necesita sopesar los pensamientos o medir las palabras. Sabe que sus fieles manos separarán la paja del trigo, retendrá lo que importa y, con aliento de bondad, soplará el resto. Dios le dio a David esa clase de amigo.

David encontró un compañero en el príncipe de Israel;
usted puede encontrar un amigo en el Rey de Israel, Jesucristo.

Y también le dio uno a usted. David encontró un compañero en el príncipe de Israel; usted puede encontrar un amigo en el Rey de Israel, Jesucristo. ¿No ha hecho un pacto con usted? Entre sus palabras finales, encontramos estas: «Y les aseguro que estaré con ustedes siempre, hasta el fin del mundo» (Mateo 28.20).

¿No lo vistió a usted? Él le ofrece «ropas blancas para que te vistas y cubras tu vergonzosa desnudez» (Apocalipsis 3.18). Cristo lo cubre con ropa adecuada para el cielo.

De hecho, supera a Jonatán. No sólo le da su túnica, sino que se viste con sus harapos. «Al que no cometió pecado alguno, por nosotros Dios lo trató como pecador, para que en él recibiéramos la justicia de Dios» (2 Corintios 5.21).

¿Añora un verdadero amigo? Tiene uno.
Y porque es así, tiene para elegir.
Puede ponderar la malicia de su
monstruo o la bondad de su Cristo.

Jesús lo viste. Y, como Jonatán, lo equipa. Está invitado a ponerse «toda la armadura de Dios para que puedan hacer frente a las artimañas del diablo» (Efesios 6.11). De sus armas le entrega el cinturón de la verdad, la armadura para el cuerpo de la rectitud, el escudo de la confianza y la espada del Espíritu, que es la Palabra de Dios.

Como Jonatán protegió a David, Jesús promete protegerlo a usted. «Yo les doy vida eterna, y nunca perecerán, ni nadie podrá arrebatármelas de la mano» (Juan 10.28).

¿Añora un verdadero amigo? Tiene uno. Y porque es así, tiene para elegir. Puede fijarse en su Saúl o en su Jonatán, ponderar la malicia de su monstruo o la bondad de su Cristo.

Beverly[5] eligió maximizar a Cristo. No fue fácil. ¿Cómo puede quitar su enfoque del individuo que la violó? Entró a la casa de Beverly con la excusa de tratar un asunto oficial de negocios. Tenía muchas razones para confiar en él: lo conocía personalmente y era un asociado profesional. Trabajaba para el estado y le pidió una audiencia. Pero él tomó más que el tiempo de la mujer.

Ese hombre negó lo que hizo y cubrió con éxito su «hazaña». A medida que continúa ascendiendo en la política, Beverly comienza a verlo en los noticiarios de la noche, lo encuentra en reuniones. Y mientras él finge inocencia, ella por dentro se revuelve.

Pero no de la manera en que solía hacerlo. Dos años después de la violación, esta mujer encontró a su Jonatán. Un amigo le habló de Cristo —su protección, su provisión y su invitación—, y ella lo aceptó. Los recuerdos de esos tan terribles momentos todavía la persiguen, pero no la controlan. No la dejan sola con su Saúl nunca más pues, más que venganza, busca a Cristo, evalúa las elecciones: su compasión o la crueldad del violador. Beverly pondera y alaba la presencia

---

Si persiste demasiado tiempo en su infecto dolor,
olerá como la toxina que desprecia.

---

vívida de Jesús, y sabe que haciendo esto cicatriza su alma.

Obsesiónese con su emperador cruel, si prefiere. Píntele cuernos a su imagen. Arrójele dardos a su portarretrato. Memorice y haga una lista de todas las cosas que le arruinó el tonto: su niñez, su carrera, su matrimonio, su salud. Vivir una vida saturada con Saúl. Revolcarse en el lodo del dolor. Se sentirá mejor, ¿no es cierto?

¿O no?

Yo pasé demasiado, en el verano de la escuela secundaria, enlodándome. El trabajo en un yacimiento de petróleo es sucio, como la realidad lo demuestra. Pero ¿es el más sucio de todos? Removía el cieno fuera de los tanques vacíos de aceite, pues el capataz reservaba esa clase de labores para la ayuda que llegaba en el verano (gracias, jefe). Nos colocábamos máscaras de gas, alcanzábamos a abrir la puerta de metal y nos metíamos hasta los tobillos en el lodazal contaminado. Mi madre quemó esas ropas de trabajo, pero el hedor permaneció.

Usted puede hacer lo mismo: si persiste demasiado tiempo en su infecto dolor, olerá como la toxina que desprecia.

¿Su mejor opción? Pase el tiempo con su Jonatán. Lamente menos a Saúl y adore más a Cristo. Únase a David como él anuncia:

> «¡El Señor vive! ¡Alabada sea mi roca!... Él es el Dios que me vindica, el que pone los pueblos a mis pies. Tú me libras del furor de mis enemigos... me salvas de los hombres violentos. Por eso, Señor, te alabo entre las naciones y canto salmos a tu nombre» (Salmo 18.46-49).

Pase libre y diariamente a través de la galería de su bondad. Tome conciencia de su bondad. Todas las cosas, desde los atardeceres a la salvación. Mire lo que tiene. Su Saúl toma mucho, pero Cristo le da más. Permita que Jesús sea el amigo que necesita. Háblele. No se ahorre detalles. Revele su aprensión y describa su temor.

¿Habrá desaparecido su Saúl? Quién sabe. Y en cierto modo, ¿importa eso? Ha encontrado un amigo para su vida. ¿Qué puede ser mejor?

4
DÍAS DESESPERADOS

EL HOMBRE desesperado se sienta en la esquina de la sala de la reunión de la iglesia. La boca seca, las palmas de las manos húmedas. Casi ni se mueve. Siente como si no perteneciese a ese lugar de discípulos, pero ¿dónde más puede ir? Ha violado cada creencia que abrigaba. Ha lastimado a todas las personas que amaba. Ha pasado una noche haciendo lo que había jurado que nunca haría. Y ahora, domingo, se sienta y mira fijamente. No habla. *Si esta gente supiera lo que hice...*

Asustado, culpable y solo.

Podría ser un adicto, un ladrón, un golpeador de niños, un hombre infiel.

Él podría ser una «ella», soltera, embarazada, confundida. Podrían ser muchas personas, pues muchas personas se acercan a la gente de Dios en esa condición: sin esperanzas, desventuradas, desamparadas.

¿Cómo reaccionará la congregación? ¿Qué encontrarán, críticas o compasión? ¿Rechazo o aceptación? ¿Cejas alzadas o manos extendidas?

David se pregunta lo mismo. Está prófugo de la justicia, es un hombre requerido en el tribunal de Saúl. Su joven rostro decora en carteles la Oficina de Correos. Su nombre está a la cabeza en la lista «a matar» de Saúl. Él corre, mirando por sobre su hombro, durmiendo con un ojo abierto y comiendo con su silla cercana a la puerta de salida del restaurante.

¡Qué serie de eventos borrosos! ¿Fue sólo hace dos o tres años atrás que cuidaba rebaños en Belén? Volviendo al pasado, un gran día se encontraba mirando con sueño a las ovejas. Entonces vino Samuel, un profeta de edad madura con una fontana de cabello y un cuerno de aceite. El aceite cubrió a David, y de la misma manera lo hizo el Espíritu de Dios.

David pasó de dar serenatas a las ovejas a dar serenatas a Saúl. El muchacho que no mejora, y que es pasado por alto, del basurero de Isaí, pasó a ser motivo de comentarios. El rey Arturo de la Camelot de Israel de esos años, apuesto y humilde. Los enemigos le temían. Jonatán lo amaba. Mical se casó con él. Saúl lo odiaba.

Luego del sexto atentado contra su vida, David entiende la situación. *Saúl no me quiere.* Con un precio por su cabeza y una pandilla sobre sus huellas, besa a Mical, le dice adiós a la vida de palacio y huye.

Pero ¿dónde puede ir? ¿A Belén y hacer peligrar su vida y la de su familia? Esa comienza a ser una opción posterior. Por ahora, elige otra guarida. Va a la iglesia. «Cuando David llegó a Nob, fue a ver al sacerdote Ajimélec» (1 Samuel 21.1).

Los conocedores indican una colina, un kilómetro y medio al noroeste de Jerusalén, como la probable antigua ciudad de Nob. Allí, Ajimélec, el nieto de Elí, lideró un monasterio, si puede llamarse así. Ochenta y cinco sacerdotes prestaban servicio en Nob, ganándose el apodo de «la ciudad de los sacerdotes» (22.19).

David se apresura a la pequeña ciudad, buscando refugio a causa de sus enemigos.

Su llegada provoca un temor comprensible en Ajimélec. Él «va hacia David tembloroso» (21.1). ¿Qué trajo a un guerrero a Nob? ¿Qué quiere el yerno del rey?

David compra seguridad mintiéndole al sacerdote:

> «Vengo por orden del rey, pero nadie debe saber a qué me ha enviado ni cuál es esa orden... ¿Qué provisiones tienes a mano? Dame unos cinco panes, o algo más que tengas» (vv. 2-3).

Desesperado, David recurre a no decir la verdad. Esto nos sorprende. Hasta aquí ha sido estelar, impecable, sin manchas; Blancanieves en un molde de bruja de nariz verrugosa. Permaneció tranquilo cuando sus hermanos hablaban con brusquedad, fue fuerte cuando Goliat bramaba, mantuvo la calma cuando Saúl perdió la suya.

Pero ahora miente en la confesión como un mafioso. Descarada y convincentemente. Saúl no lo ha enviado a una misión, no está realizando secretos quehaceres reales, sino que es un fugitivo. De manera injusta, es cierto. Pero un fugitivo al fin. Y al respecto no dice la verdad.

El sacerdote no le hace preguntas. No tiene razones para dudar de aquel que tuvo que abandonar precipitadamente su lugar. No tiene recursos con los que ayudarlo. El sacerdote tiene pan, y no pan común, sino un pan santo. El pan de la Presencia. Cada sábado el sacerdote ubica doce hogazas de pan de trigo sobre el altar como ofrenda a Dios. Luego de una semana, y sólo después de una semana, el sacerdote y sólo el sacerdote puede comer el pan (como si nadie quisiera un pan viejo, de una semana). No obstante, la opción de Ajimélec y su cuello de sacerdote se encogieron.

David no es sacerdote. Y el pan ha estado ubicado sobre el altar. ¿Qué hace Ajimélec? ¿Distribuye el pan y viola la ley? ¿Toma el pan e ignora el hambre de David? El sacerdote busca una escapatoria: «No tengo a la mano pan común y corriente —le contestó el sacerdote—. Podría darte el pan consagrado, si es que tus hombres se han abstenido por lo menos de estar con mujeres» (v. 4).

Ajimélec quiere saber si David y sus hombres han estado comportándose. Hace responsable al olor a pan fresco, entonces David responde con la mentira número dos y también con un paso teológico número dos. Sus hombres no han posado sus ojos y mucho menos sus manos en una muchacha. ¿Y el pan sagrado? Pone un brazo alrededor del sacerdote, camina con él hacia el altar, y le sugiere: *Sabes, Ajim, el pan es, en efecto, común, aunque haya sido consagrado en la vasija este día* (v. 5). Incluso las santas hogazas, razona David, están horneadas y hechas con trigo... ¿El pan es pan, no es cierto?

David, ¿qué estás haciendo? ¿No estás mintiendo lo suficiente? ¿Ahora se comporta en forma imprudente con las Escrituras y persuade con ardides al predicador?

Funciona. El sacerdote le entrega el pan sagrado a David, «ya que no había otro. Era el pan de la Presencia que había sido quitado de delante del Señor y reemplazado por el pan caliente del día» (v. 6).

Hambriento, David se traga la comida. Ajimélec probablemente también deglute. Se pregunta si ha hecho lo correcto. ¿Ha violado la ley? ¿Roto la ley? El sacerdote decidió que el más alto llamado fue un estómago hambriento. Más que el punto en la «i» del código de Dios, él había encontrado la necesidad del niño de Dios.

¿Y cómo recompensa David la compasión de Ajimélec? ¡Con otra mentira! «¿No tienes a la mano una lanza o una espada? Tan urgente era el encargo del rey que no alcancé a tomar mi espada ni mis otras armas» (v. 8).

Para el hambre espiritual, la Iglesia ofrece nutrición.

La fe de David se está debilitando. No demasiado tiempo atrás la onda del pastor era todo lo que necesitaba. Ahora, el que rechaza la armadura y la espada de Saúl pide un arma del sacerdote. ¿Qué le ha ocurrido a nuestro héroe?

Es simple. Ha perdido su enfoque en Dios. Obtuvo demasiado de Goliat. Y como resultado, se propagó la desesperación, engendrando mentiras, agitando el miedo, ensombreciendo la verdad. Sin lugar donde esconderse, sin comida, sin recursos ni medios. Adolescente y embarazada, de edad media y en bancarrota, de edad madura y enferma... ¿dónde puede la desesperación ir?

Pueden ir al santuario de Dios, a la iglesia de Dios. Pueden buscar un Ajimélec, un líder de la iglesia con un corazón para las almas desesperadas.

Ajimélec le había dado a David pan, y ahora David quiere una espada. La única arma en el santuario es una reliquia, la espada de

Goliat. La misma que David había usado para guillotinar la cabeza del gigante. Los sacerdotes la exponen como la Galería de la Academia, en Florencia, expone el *David* de Miguel Ángel Buonarroti.

«Esto está bien», dijo David. Y el que había entrado al santuario hambriento y sin armas, se retira con un vientre lleno de pan y la espada del gigante.

Siga el espíritu de la ley más que su escritura.

El autor y pastor Eugene Peterson ve este intercambio como la función de la Iglesia. «El santuario —escribe— es donde yo, como David, obtengo pan y una espada, fuerza para el día y armas para la pelea».[6]

Para el hambre espiritual, la Iglesia ofrece nutrición:

> «Pues estoy convencido de que ni la muerte ni la vida, ni los ángeles ni los demonios, ni lo presente ni lo por venir, ni los poderes, ni lo alto ni lo profundo, ni cosa alguna en toda la creación, podrá apartarnos del amor que Dios nos ha manifestado en Cristo Jesús nuestro Señor» (Romanos 8.38-39).

Al fugitivo de la Iglesia le ofrece armas de verdad:

> «Ahora bien, sabemos que Dios dispone todas las cosas para el bien de quienes lo aman, los que han sido llamados de acuerdo con su propósito» (Romanos 8.28).

Pan y espadas. Alimento y equipo. La Iglesia existe para proveer ambos. ¿Logra hacer eso? No siempre. Ayudar a la gente nunca es una ocupación satisfactoria. Y no lo es porque la gente que necesita ayuda, no tiene una vida satisfactoria. Entran a la iglesia como fugitivos, buscando cobijo, refugio, a causa de los furiosos Saúles, en algunos casos, y por malas decisiones en otros. Los Ajimélec de las iglesias (líderes, maestros, pastores y similares) se sienten forzados a elegir no entre el blanco o el negro, sino entre matices de grises; no entre lo correcto y lo incorrecto, sino entre cierta degradación de ambos.

Jesús apela a que la Iglesia se conduzca en la dirección de la compasión. Mil doscientos años después, el Hijo de David recuerda la flexibilidad de Ajimélec.

> En ese momento, Jesús pasó a través de los campos de granos, el sábado. Y sus discípulos estaban hambrientos, y comenzaron a arrancar granos y a comerlos. Y cuando los fariseos vieron esto, le dijeron: «"¡Mira! Tus discípulos están haciendo lo que está prohibido en sábado". Él les contestó: "¿No han leído lo que hizo David en aquella ocasión en que él y sus compañeros tuvieron hambre? Entró en la casa de Dios, y él y sus compañeros comieron los panes consagrados a Dios, lo que no se les permitía a ellos sino sólo a los sacerdotes. ¿O no han leído en la ley que los sacerdotes en el templo profanan el sábado sin incurrir en culpa?"» (Mateo 12.1-5).

David enseña al desesperado a buscar ayuda entre la gente de Dios.

Al final del día del santuario, la pregunta no es cuántas leyes ha violado, sino a cuántos David alimentó y equipó. Ajimélec enseña en la Iglesia a seguir el espíritu de la ley más que su escritura.

David enseña al desesperado a buscar ayuda entre la gente de Dios. David tropieza en esta historia. Las almas desesperadas siempre lo hacen. Pero al menos tropieza en el lugar correcto, en el santuario de Dios, donde se encuentra Dios y asiste a los corazones desesperados.

Él trae pan para sus almas («La paz sea con ustedes») y una espada para la lucha («Reciban el Espíritu Santo»).

Para prueba, retornemos a la historia con la cual comenzamos: el jadeante, desaliñado hombre que se sienta en la asamblea de la iglesia.

¿He mencionado el tamaño de la congregación? Era pequeña. Más o menos una docena de almas agrupadas todas para darse fuerzas. ¿Le dije la ubicación de la reunión? Una habitación prestada en Jerusalén. ¿Y el día? Domingo. El domingo después de la crucifixión del viernes. El domingo siguiente a la traición de la noche del jueves.

Una iglesia de discípulos desesperados.

Pedro se encoge en la esquina de la habitación y cubre sus oídos, pero no puede silenciar el sonido de su vacía promesa: «Estoy dispuesto a ir contigo tanto a la cárcel como a la muerte», juró (Lucas 22.33). Pero su coraje se derritió en la mitad de la noche de fuego y temor. Y ahora él y el otro fugitivo se preguntan qué lugar tiene Dios para ellos. Jesús responde la pregunta caminando a través de la puerta.

Él trae pan para sus almas. «La paz sea con ustedes» (Juan 20.19). Trae una espada para la lucha. «Reciban el Espíritu Santo» (v. 22).

Pan y espadas. Él le da ambas cosas al desesperado.

Todavía.

5
ÉPOCAS DE SEQUÍA

El Mar Muerto está agonizando. Retrocede, gota a gota, a razón de un metro por año. Galilea envía su fresco fluido a través del Canal de Jordania; el agua es digna del bautismo del Mesías. Pero el Mar Muerto se empobrece: oscuridad, acidez, se crea un cementerio salino. Usted encuentra poca vida en sus aguas, en sus alrededores. Amenazantes acantilados se levantan en el oeste, aplanados, a sesenta metros. La erosión ha marcado la tierra en una tiranía de cuevas, surcos y escasos cañones: un hogar para las hienas, iguanas y halcones… y para David. No por casualidad, imagínese. Él no quiso intercambiar el palacio por la tierra inhóspita. Nadie elige el desierto. De todas direcciones llegan hasta usted calor y lluvia, tormentas de arena y granizo. Preferimos habitaciones con aire acondicionado y seguridad.

Pero algunas veces no tenemos poder de decisión. La calamidad golpea y el techo se raja. El tornado nos levanta y nos deja tirados en el desierto. No en el desierto del sudeste de Israel, pero sí en el desierto del alma.

Una estación de sequía.

El aislamiento marca cada estación. Saúl tiene aislado de forma eficiente y sistemática a David de cada fuente de estabilidad.

Su media docena de intentos de asesinato culminó con la carrera militar de David. Sus mentiras no disimuladas, con su matrimonio. Luego que la esposa de David, Mical, lo ayudó a escapar, Saúl le pidió una explicación: «Tuve que hacerlo», mintió. «Él me amenazó con matarme si no lo dejaba escapar» (1 Samuel 19.17).

David nunca más confió en su esposa. Continuaron casados pero durmieron en camas diferentes.

El desierto comienza con la desconexión y continúa con el engaño.

David corre de la corte de Saúl a la casa de Samuel. Pero tan rápidamente como llega, alguien le dice a Saúl «¡Toma nota! ¡David está en Nayot de Ramá!» (v. 19)

David corre hacia Jonatán, su compañero del alma. Jonatán quiere ayudarlo, pero ¿qué puede hacer? ¿Dejar la corte en manos de un loco? No, Jonatán tiene que quedarse con Saúl. David se siente devastado.

Sin lugar en la corte.

Sin posición en el ejército.

Sin esposa, sin sacerdote, sin amigo.

Nada que hacer, excepto correr. El desierto comienza con la desconexión y continúa con el engaño.

Vimos el engaño de David en Nob, la ciudad de los sacerdotes. La ciudad era sagrada, pero David era cualquier cosa menos eso. Mentía cada vez que abría la boca.

David empeora en vez de mejorar. Escapa de Gat, el lugar de nacimiento de Goliat. Trata de forjar una amistad sobre la base de un adversario mutuo. Si su enemigo es Saúl, y mi enemigo es Saúl, empezamos a ser amigos, ¿verdad?

Pero en este caso es erróneo.

Los Goliats no son hospitalarios. «¿No es éste David, el rey del país? ¿No es él por quien danzaban, y en los cantos decían: "Saúl destruyó a un ejército, pero David aniquiló a diez"?» (21.11)

David entra en pánico. Es un cordero en una manada de lobos. Hombres altos, más altos que muros. Miradas penetrantes, espadas penetrantes. Nos gustaría escuchar una oración de su Pastor; nos gustaría apreciar un pronunciamiento de la fuerza de Dios. No retenga su respiración. David no ve a Dios, ve problemas. Entonces toma los asuntos en sus propias manos.

Aparenta estar insano, araña las puertas y se babea la barba. Finalmente, el rey de Gat le dice: «¿Acaso me hacen falta más locos, que encima me traen a éste para hacer sus locuras en mi presencia? ¡Sáquenlo de mi palacio! David se fue de Gat y huyó a la cueva de Adulán» (vv. 14-22.1).

¿Nos atrevemos a imaginar a David? Mira con ojos electrizados. Tiembla como una gelatina. Saca su lengua, se revuelca en la suciedad, gruñe y se ríe abiertamente, se sacude y se babea. David finge sufrir un ataque de epilepsia.

Los filisteos creían que «a un epiléptico lo poseía el diablo de Dagón, que hace a los esposos impotentes, a las mujeres estériles, que los niños mueran y que los animales vomiten». Cada gota de sangre de un epiléptico se multiplica en un diablo más. Los filisteos los hacían salir de sus ciudades hacia el desierto, para que muriesen.[7] Y eso es lo que hicieron con David. Lo empujaron fuera de las puertas de la ciudad y lo dejaron sin lugar adónde ir.

No podía ir a la corte de Saúl ni a la casa de Mical, a la ciudad de Samuel ni a la seguridad de Nob. Entonces se dirige al único lugar posible, el lugar donde nadie va porque nadie sobrevive. Va al desierto, a la tierra salvaje. Al enjambre de cañones que dominan desde lo alto al Mar Muerto. Encuentra una cueva, la cueva llamada Adulán. Allí halla protección, silencio y seguridad. Se estira sobre la fresca suciedad, cierra sus ojos y comienza su década en el desierto.

¿Puede contar usted la historia de David?

¿Lo ha separado su Saúl de la posición que tenía y de la gente que ama?

En un esfuerzo por caer bien parado, ¿ha modificado o distorsionado la verdad o los hechos?

¿Está buscando refugio en Gat? Bajo circunstancias normales, usted nunca iría allí. Pero esas no son circunstancias normales, entonces merodea las tierras de los gigantes. La ciudad natal del problema. Los brazos de esa mujer o ese bar. Camina sospechosas calles y frecuenta cuestionables lugares. Y mientras eso ocurre, se vuelve loco. Entonces la muchedumbre lo aceptará, el estrés no lo matará y se convertirá en un salvaje. Se despierta en una cueva en el Mar Muerto, en la gruta de Adulán, en el punto más bajo de su vida, sintiéndose tan mudo como una habitación llena de yunques. Usted mira fijamente afuera: al futuro árido, áspero, sin gente, y pregunta: «¿Qué hago ahora?»

Le sugiero permitirle a David ser su maestro. Seguro, él se vuelve loco por unos pocos versículos. Pero en la cueva de Adulán, se encuentra a sí mismo. El pastor lleno de fe aparece en la superficie otra vez. El que mató al gigante redescubre su coraje. Sí, tiene un precio su cabeza. Sí, no tiene lugar donde apoyarla, pero de alguna forma la sostiene.

Vuelve su centro a Dios, y encuentra refugio.

Refugio aparece como una palabra preferida por David. Circule sus apariciones en el libro de los Salmos y contará treinta y siete veces. Pero nunca David usó la palabra de forma más patética como en el Salmo 57. La introducción al pasaje explica su trasfondo. «Poema de David, cuando había huido de Saúl y estaba en una cueva».

Imagínese al hijo de Isaí en la oscuridad; sobre sus rodillas, quizá con su rostro perdido en las sombras y en los pensamientos. No tiene ningún lugar donde volver. Ir a su casa implicaría poner en riesgo a su familia, y si se dirigiese al tabernáculo pondría en peligro a los sacerdotes. Saúl lo mataría; Gat no lo querría. Mintió en el santuario, se hizo pasar por loco con los filisteos y aquí se sienta. Solo.

Pero entonces recuerda que no está solo. Y del hueco de la cueva una dulce voz flota:

> «Ten compasión de mí, oh Dios; ten compasión de mí, que en ti confío. A la sombra de tus alas me refugiaré» (v. 1).

Haga de Dios su refugio. No su trabajo, su esposa, su reputación o su cuenta de jubilación. Haga de Dios su refugio. Permítale a Él, no a Saúl, que lo rodee. Permítale ser el techo que rompe el sol, las paredes que paran el viento, el fundamento sobre el cual se erige.

El morador de una cueva se acercó recientemente a nuestra iglesia. Llevaba el olor de Adulán. Recién había enterrado a su mujer, y su hija estaba más enferma a medida que los días transcurrían. Y sin embargo, en la tierra árida, este hombre encontró a Dios. Cuando esto ocurrió, escribí su descubrimiento en la hoja en blanco para anotaciones de mi Biblia: «Tú nunca sabrás que Jesús es todo lo que necesitas hasta que Jesús sea todo lo que tengas».

Los sobrevivientes de los desiertos encuentran en la presencia de Dios, refugio.

Ellos también descubren una comunidad entre la gente de Dios.

> «David se fue de Gat y huyó a la cueva de Adulán. Cuando sus hermanos y el resto de la familia se enteraron, fueron a verlo allí. Además, se le unieron muchos otros que estaban en apuros, cargados de deudas o amargados. Así, David llegó a tener bajo su mando a unos cuatrocientos hombres» (1 Samuel 22.1-2).

No como llamaría a un cuerpo de cadetes de West Point. Con deudas, con problemas o descontentos. Una tripulación. Inadaptada, sí. Desechos del tonel, no hay dudas. Rechazados. Marginados. Perdedores.

Justo como en la Iglesia. ¿No estamos descontentos, angustiados y somos deudores?

> Fíjense bien amigos lo que eran cuando fueron llamados a esta vida. Yo no veo muchos de «los más brillantes y los mejores» entre ustedes, no mucha es gente influyente, de familia de alta sociedad. ¿No es obvio que Dios, deliberadamente, eligió hombres y mujeres que la cultura pasa por alto y explota y abusa, que Dios eligió a esos «nadie» para revelar las huecas pretensiones de los «alguien» (1 Corintios 1.26-28).

Las congregaciones fuertes están pobladas de actuales y antiguos moradores de cuevas, gente que conoce el terreno de Adulán. Dijeron unas pocas mentiras en Nob. Se volvieron locos en Gat. Y no lo han olvidado. Y porque es así, imitan a David: le hacen a usted un lugar.

¿Quién era David para rechazar a esos hombres? No es un candidato a arzobispo, sino un imán de la gente marginal. Por eso David crea una comunidad de desavenidos buscadores de Dios. Dios forja un desavenido grupo fuera de ellos: «Y cada día se le unían más soldados a David, hasta que llegó a tener un ejército grande y poderoso» (1 Crónicas 12.22).

Gat. Desierto. Adulán

Locura. Soledad. Restauración.

David funda las tres. Lo mismo hizo Whit Criswell. Este nativo de Kentucky se crió en un hogar cristiano. Durante su juventud formaba parte de una iglesia cristiana. Pero comenzó a jugar; diariamente arriesgaba sus ingresos en partidos de béisbol. Perdió más de lo que ganó, y se encontró en una situación desesperada, debiéndole a su corredor de apuestas. Decidió entonces malversar fondos del banco donde trabajaba. Bienvenido a Gat.

Fue sólo cuestión de tiempo: el auditor detectó un problema y le pidió una cita. Criswell supo que lo habían descubierto. La noche anterior a ese encuentro no pudo dormir. Y resolvió tomar el sendero de Judas. Le dejó una carta a su mujer diciéndole que se suicidaría, manejó hasta Lexington, estacionó el auto y puso el revolver en su cabeza. No pudo disparar, entonces hizo un tiro de práctica a través de la ventanilla del auto. Luego tiró hacia atrás el percutor del revólver, lo puso sobre su sien y murmuró: «Vamos, continúa, aprieta el gatillo, repugnante. Esto es lo que mereces». Pero no pudo hacerlo. El temor que sintió al pensar que podría ir al infierno hizo que no perdiera la vida.

Finalmente, al amanecer, volvió a su casa, destruido. Su esposa había encontrado la carta y había llamado a la policía. Ella lo abrazó.

Los oficiales lo esposaron y lo condujeron fuera. Pero ese hombre enseguida fue humillado y liberado: la humillación fue porque lo arrestaron frente a su familia y a los vecinos, pero se liberó de las cadenas de la mentira. No tuvo que mentir nunca más.

Nunca sabrás que Jesús es todo lo que necesitas hasta que Jesús sea todo lo que tengas. ¿Está usted en su desierto? Encuentre refugio en la presencia del Señor. Encuéntrese confortable con su gente.

Whit Criswell estuvo en prisión. Allí entró en razones: volvió a su fe. Una vez en libertad, se zambulló en el trabajo de la iglesia local, haciendo lo que se necesitaba hacer.

Luego de unos años, pasó a formar parte de la junta directiva de la congregación. En 1998, otra área de la iglesia le pidió que sirviese como ministro. Cuando este libro se estaba escribiendo, la iglesia se había convertido en una de las congregaciones de más rápido crecimiento en Kentucky.[8]

Otro David restaurado.

¿Está usted en su desierto? Llegue hasta Dios como un fugitivo lo haría hasta una cueva. Encuentre refugio en la presencia del Señor.

Encuéntrese confortable con su gente. Arroje su sombrero en una congregación de personas que es un regalo de gracia extraído de la tragedia, la adicción y el desastre. Busque la comunidad en la iglesia de Adulán.

Refúgiese en la presencia de Dios. Confórtese en la gente de Dios. Su clave para sobrevivir al desierto. Haga esto y, quién sabe, en medio de este desierto tal vez pueda escribir su más dulce salmo.

6

Los que proporcionan dolor

El símbolo más sagrado en Oklahoma City, Oklahoma, es un árbol: un olmo americano, de abundante follaje, que da mucha sombra, de unos ochenta años. Los turistas viajan muchos kilómetros para verlo, las personas se fotografían junto a él y los arbolistas lo protegen. Lo encontramos como motivo de carteles y membretes. Sin embargo, hay otros árboles que crecen más altos, más tupidos y aun más verdes, pero a ninguno se lo quiere de la misma manera. La ciudad atesora este árbol no por su apariencia, sino por su resistencia.

Permaneció incólume ante el atentado con explosivos en Oklahoma City.

Timothy McVeigh estacionó su camión lleno de muerte a sólo unos pocos metros del árbol. Su malicia mató a 168 personas, hirió a 850, destruyó el Edificio Federal Alfred P. Murrah y enterró al árbol con escombros. Nadie esperaba que sobreviviera. Nadie, de hecho, pensó en un árbol lleno de polvo y con ramas desnudas.

Pero comenzó a brotar.

Los retoños presionaban a través de las cortezas lastimadas, las hojas verdes empujaban para salir del hollín gris. La vida resucitaba de un acre de muerte, y la gente lo notó. El árbol ejemplificó la resistencia deseada por las víctimas. Entonces la comunidad le dio al olmo un nombre: el «Árbol superviviente».[9]

Timothy McVeigh todavía conmueve a nuestro mundo. Ellos todavía, inexplicablemente, inexcusablemente, nos mutilan y aterrorizan. Deseamos imitar al árbol, sobrevivir al malvado, erigirnos por encima de las ruinas. Pero ¿cómo?

David puede darnos algunas ideas. Cuando Saúl se introduce a lo McVeigh en el mundo de David, este se arroja al desierto, donde encuentra refugio en las cuevas cercanas del Mar Rojo. Varios cientos de fieles lo siguen. Lo mismo hizo Saúl. Y en dos dramáticas escenas, David ejemplifica cómo dar gracia a la persona que no hizo otra cosa más que darnos dolor.

Escena uno. Saúl les indica a sus hombres parar. Ellos lo hacen. Trescientos soldados cesan su marcha y caminan hacia la ladera de la montaña.

La región de Engadi hierve a fuego lento en el corazón del horno de ladrillos. Los rayos del sol asestan como una daga sobre las nucas de los soldados. Hay lagartos recostados bajo las rocas, escorpiones que persisten en la suciedad y serpientes, como Saúl, que buscan descansar en la cueva.

Saúl entra en la cueva «para hacer sus necesidades. David estaba escondido en el fondo de la cueva, con sus hombres» (1 Samuel 24.3).

Con ojos irritados por el sol del desierto, el rey no percibe las figuras silenciosas que se alinean en las paredes.

Mientras Saúl hace caso a un llamado de la naturaleza, una docena de ojos se agrandan. Sus mentes se aceleran y las manos alcanzan los puñales. Un empujón del cuchillo conducirá al fin de la tiranía de Saúl. Pero David les señala a sus hombres que se contengan. Avanza a lo largo de las paredes, desenvaina su cuchillo y corta... la ropa de Saúl. David entonces se arrastra hacia atrás, dentro del hueco de la cueva.

Saúl completa su tarea, se vuelve a cubrir y deja la cueva. Los hombres de David, al ver esto, no pueden creer lo que su líder ha hecho. Nadie más que David. Sus sentimientos no reflejan los de ellos. Piensan que ha hecho demasiado poco; sin embargo, él cree que ha hecho mucho. Y más que regodearse, se arrepiente.

Y al sentirse culpable por haber cortado un ángulo de la vestimenta de Saúl, les dice a sus hombres: «¡Que el Señor me libre de hacerle al rey lo que ustedes sugieren! No puedo alzar la mano contra él, porque es el ungido del Señor» (v. 6).

David se para fuera de la cueva, con el trozo de la prenda en su mano, y grita: «Pude haberlo matado y no lo hice».

Saúl mira hacia arriba, pasmado, y se pregunta en voz alta: «¿Quién encuentra a su enemigo y le perdona la vida?» (v. 19)

David lo hará. Más de una vez.

Sólo un par de capítulos más tarde, Saúl, una vez más, intenta atrapar a David. Y David, una vez más, actúa con astucia. Mientras el grupo del rey duerme, el temerario David y un soldado sigilosamente se alinean hasta quedar directamente sobre el cuerpo del rey, que roncaba. El soldado suplica: «¡Este es el momento! Hoy ha puesto Dios en tus manos a tu enemigo... Déjame matarlo. De un solo golpe de lanza lo dejaré clavado en el suelo. ¡Y no tendré que rematarlo!» (26.8)

Pero David lo detiene. En lugar de matarlo, toma la lanza de Saúl y su jarra de agua y se van del campamento. Entonces, desde una distancia segura despierta a Saúl y a sus hombres con un anuncio. «Hoy él lo había puesto a usted en mis manos, pero yo no me atreví a tocar siquiera al ungido del Señor» (v. 23).

Una vez más, David perdona la vida de Saúl.

Una vez más, David muestra una mente colmada de Dios. ¿Quién domina sus pensamientos? «¡Que el Señor... él lo ha puesto... el ungido del Señor... quiera el Señor» (26.23-24).

Una vez más, pensamos sobre el proveedor del dolor en nuestras vidas. Una cosa son las bendiciones para los amigos, pero ¿querer bendiciones para aquellos que nos causan dolor? ¿Usted podría? ¿Podría imitar a David si estuviera con el Darth Vader de sus días?

La venganza fija su atención en las circunstancias más desagradables.

Quizá podría. Algunas personas parecen bendecidas con misericordia. Perdonan, no son rencorosas o cuentan sus dolores. A otras (¿la mayoría de nosotros?) les resulta difícil perdonar a nuestros Saúles.

Perdonamos al que nos ofende una vez, imagínese. Desestimamos al que toma el lugar en el estacionamiento, a los que rompen las citas e incluso al ladrón de billeteras. Podemos dejar pasar el delito menor, pero ¿el delito grave? ¿El ofensor consecuente? ¿El Saúl que se apodera de nuestra juventud, de nuestra jubilación o de nuestra salud?

Si ese canalla hubiera buscado refugio en su cueva o si se hubiera recostado a dormir a sus pies... ¿haría usted lo que hizo David? ¿Podría perdonar a la escoria que lo lastimó?

Fallar en hacer eso sería fatal: «El resentimiento mata a los necios; la envidia mata a los insensatos» (Job 5.2).

La venganza fija su atención en las circunstancias más desagradables. Congela su mirada en determinados momentos dolorosos de su pasado. ¿Es eso lo que quiere mirar? ¿Congelar y revivir su dolor lo hará una mejor persona? De ninguna manera. Eso lo destruirá.

Los destructores de enemigos necesitan dos tumbas.

Estoy pensando en un viejo número de comedia. Joe se quejaba a Jerry del irritante hábito de un amigo común. El tipo empujaba con su dedo el pecho de Joe mientras hablaba. Esto, a Joe, lo volvía loco. Entonces decidió ajustar cuentas. Le mostró a Jerry una pequeña botella con un alto explosivo de nitroglicerina ajustado a una cuerda. Y le explicó: «Voy a usar esto alrededor de mi cuello, haciendo que la botella cuelgue exactamente donde apunta tu dedo. La próxima vez que lo pegues a mi pecho, pagarás por eso».

Claro que no tanto como Joe... ¿no es cierto?

Los destructores de enemigos necesitan dos tumbas. «No te dejes llevar por el enojo que sólo abriga el corazón del necio» (Eclesiastés 7.9).

Ojo por ojo se convierte en cuello por cuello, trabajo por trabajo y reputación por reputación. ¿Cuándo termina esto? Termina cuando una persona imita la mente de David, dominada por Dios.

Enfrentó a Saúl como enfrentó a Goliat, orientándose más hacia Dios. Cuando los soldados, en la cueva, exhortaron a David a matar a Saúl, fíjese quién ocupó los pensamientos de David: «¡Que el Señor me libre de hacerle al rey lo que ustedes sugieren! No puedo alzar la mano contra él, porque es el ungido del Señor» (1 Samuel 24.6).

Cuando llamó a Saúl desde la entrada de la cueva «David, postrándose rostro en tierra, se inclinó» (v. 8). Luego reiteró su convicción: «No puedo alzar la mano contra el rey, porque es el ungido del Señor» (v. 10).

En la segunda escena, durante el ataque de la segunda noche al campamento, David mantuvo su creencia: «¿Quién puede impunemente alzar la mano contra el ungido del Señor?» (26.9)

Cuento seis ocasiones diferentes en las que David llamó a Saúl «el ungido del Señor». ¿Puede usted pensar en algún otro término que podría haber utilizado David? Algunos vienen a mi mente, como *rata* o cerdo, pero no el que usó David. No vio a Saúl como enemigo, sino a Saúl el ungido. Rechazaba ver al que le proporcionaba dolor de ninguna otra manera más que a un hijo de Dios. David no aplaudió el comportamiento de Saúl, sólo supo que el propietario de Saúl era Dios. David filtró su visión de Saúl a través de la reja del cielo. El rey todavía pertenecía a Dios, y eso le daba a David esperanzas.

Algunos años atrás, un Rottweiler atacó a nuestro cachorro de caza en un centro de entrenamiento. El agresivo animal casi lo mata. Dejó a nuestra Molly con docenas de heridas profundas y con una oreja colgando. Mis sentimientos hacia ese animal eran menos que los de David. Déjenos a los dos en una cueva, sólo hubiera salido uno... Le escribí una carta al dueño del perro exhortándolo a que pusiera al perro a «dormir para siempre».

Pero cuando le mostré la carta a la dueña del centro de entrenamiento, me rogó que lo reconsiderara. «Lo que el perro hizo fue horrible, pero lo estoy entrenando. No he terminado con él todavía».

Dios diría lo mismo acerca del Rotweiller que lo atacó a usted. «Lo que hizo fue inconcebible, inaceptable e inexcusable, pero todavía no he terminado».

Vea a sus enemigos no como fallas de Dios, sino como proyectos de Él.

Sus enemigos aún figuran en los planes de Dios. Su pulso es una prueba. Dios no los abandonó. Tal vez puedan estar fuera de la voluntad del Señor, pero no fuera del alcance de Él. Usted le hace honor a Dios cuando los ve no como fallas de Dios, sino como proyectos de Él.

Además, ¿quién nos asignó a nosotros la tarea de vengarnos? David entendió esto. De su boca, en la cueva, salió esta declaración: «¡Que el Señor juzgue entre nosotros dos! ¡Y que el Señor me vengue de usted! Pero mi mano no se alzará contra usted... ¡Que sea el Señor quien juzgue y dicte la sentencia entre nosotros dos! ¡Que examine mi causa, y me defienda y me libre de usted!» (24.12, 15)

Dios ocupa la única silla en la suprema corte del cielo. Él usa la toga y rechaza compartir el martillo. Por esta razón, Pablo escribió: «No tomen venganza, hermanos míos, sino dejen el castigo en las manos de Dios, porque está escrito: "Mía es la venganza; yo pagaré", dice el Señor» (Romanos 12.19).

La venganza saca a Dios de la ecuación. Los vigilantes reemplazan a Dios. «No estoy seguro de que pueda manejar esto, Señor. Podría castigar muy poco o en forma muy lenta. Yo tomaré este asunto entre manos, gracias».

¿Es esto lo que quiere decir? Jesús no lo dijo. Nadie tuvo un sentido más claro de lo correcto y de lo incorrecto que el perfecto Hijo de Dios. Aun «cuando proferían insultos contra él, no replicaba con insultos; cuando padecía, no amenazaba, sino que se entregaba a aquel que juzga con justicia» (1 Pedro 2.23).

Sólo Dios evalúa juzgamientos certeros. Nosotros imponemos juicios demasiado livianos o severos. Dios imparte una justicia perfecta. Las represalias son su tarea. Deje a sus enemigos en manos de Dios. No está respaldando el mal comportamiento de ellos cuando usted hace esto. Puede odiar lo que alguien hizo sin dejar que eso lo consuma. Perdonar no es una excusa.

Perdonar es, esencialmente, decidir ver a su ofensor con otros ojos.

Tampoco lo es aparentar el perdón. David no encubrió o esquivó el pecado de Saúl. Lo trató directamente. No evitó el tema, pero evitó a Saúl. «Saúl volvió a su palacio, y David y sus hombres subieron al refugio» (1 Samuel 24.22).

Haga lo mismo. Otorgue bendición, pero si lo necesita, mantenga la distancia. Puede perdonar al marido abusivo sin vivir con él. Sea rápido en otorgar misericordia al pastor inmoral, pero vaya más lentamente en el otorgamiento de un púlpito. La sociedad puede dispensar los términos bendición y prisión al mismo tiempo. Ofrecerle al niño abusador una segunda oportunidad, pero mantenerlo fuera del patio de juegos.

Perdonar no es una necedad.

Perdonar es, esencialmente, decidir ver a su ofensor con otros ojos. Cuando algunos misioneros de Moravia llevaron el mensaje de Dios a los esquimales, se esforzaron por encontrar una palabra en la lengua nativa para decir perdón. Finalmente, llegaron a una engorrosa opción de veinticuatro letras, *issumagijoujungnainermik*. Este formidable conjunto de letras es literariamente traducido como «No ser capaz de pensar más en el tema».[10]

Perdonar es continuar, no pensar acerca de su ofensor nunca más. No lo excusa, ni aprueba ni abraza. Sólo encamina sus pensamientos en ellos a través del cielo. Usted ve a sus enemigos como los hijos de Dios y la represalia como el trabajo del Señor.

Por otra parte, ¿podemos hacer algo menos que conceder bendiciones? ¿Atrevernos a pedir a Dios bendición cuando rechazamos darla? Este es un tema importante en las Escrituras. Jesús fue duro con los pecadores que rechazaban perdonar a otros pecadores. ¿Recuerda la historia sobre el servidor al que le perdonaron una deuda de millones, y que rechazaba perdonar una deuda de peniques? Él provocó la ira de Dios, «¡Siervo malvado! —le increpó—. Te perdoné toda aquella deuda... ¿No debías tú también haberte compadecido... así como yo me compadecí de ti?» (Mateo 18.32-33)

En resumidas cuentas, entregamos bendiciones porque nos han dado bendiciones. Sobrevivimos porque imitamos al árbol superviviente. Extendemos nuestras raíces más allá de la zona de explosión. Tenemos acceso a la humedad más allá de la explosión. Cavamos profundo y más profundo hasta que obtenemos la humedad de la misericordia de Dios.

A nosotros, como a Saúl, nos han dado bendición.

Nosotros, como David, podemos entregarla abiertamente.

7

COMPORTAMIENTO BRUTAL

ERNEST GORDON gime en la Casa de la Muerte en Chungkai, Burma. Escucha las quejas de los moribundos y huele el hedor de la muerte. Sin piedad, la jungla quema: asa su piel y seca su garganta. Había podido envolver con una mano el muslo huesudo. Había tenido fuerza para hacer eso, pero ya no tiene ni energía ni interés. La difteria ha hecho que se agotaran ambas; no puede caminar, ni puede sentir su cuerpo. Comparte un catre con moscas, chinches y aguarda una muerte solitaria en un campo de prisioneros de guerra japonés.

Qué dura ha sido la guerra para él. Entró en la Segunda Guerra Mundial en sus tempranos veinte años, como un robusto soldado oriundo del norte de Escocia, perteneciente a las Brigadas Sutherland. Pero luego vino la captura por parte de los japoneses, meses de ardua y exhaustiva labor en la jungla, golpes cotidianos y una lenta inanición. Escocia parece para siempre fuera de su vida. Y la urbanidad, aun más lejos.

Los soldados aliados se comportaban como bárbaros, robándose entre ellos, robándoles a los agonizantes colegas, peleando por pedacitos de comida. Las escasas raciones de alimento hacían que se debiera obtener algo extra por propios medios. Y la ley de la selva comenzó a ser la ley del campamento.

Gordon es feliz por decirle adiós a la vida. La muerte a causa de las enfermedades triunfa en Chungkai. Pero entonces algo maravilloso ocurre. Transfieren al campo a dos nuevos prisioneros, en los que las esperanzas todavía existían. Aunque enfermos y frágiles, ponen en práctica un código de valores más alto. Comparten su exiguo alimento y realizan trabajo voluntario extra. Limpian las doloridas úlceras de Gordon y masajean sus atrofiadas piernas. Le dan su primer baño en seis semanas. Su fuerza lentamente comienza a retornar, y con eso su dignidad.

Su bondad prueba ser contagiosa y Gordon los imita. Empieza a compartir su ración y a ocuparse de los enfermos. Es más, entrega sus pocas pertenencias. Otros soldados, al verlo, hacen lo mismo. Luego de un tiempo, la situación en el campo se hizo más suave y más luminosa. El sacrificio remplaza al egoísmo. Los soldados comenzaron a realizar servicios de adoración y a estudiar la Biblia.

Veinte años después, cuando Gordon se desempeñó como capellán de la Universidad de Princeton, describió la transformación con estas palabras:

> «La muerte estaba con nosotros, no hay dudas sobre ello. Pero estábamos lentamente liberándonos de su destructiva adherencia.

La avaricia, el odio y el orgullo eran todo lo contrario a la vida. El amor, el sacrificio y la fe, por otro lado, eran la esencia de la vida misma. Obsequios de Dios al hombre... La muerte no tuvo más la última palabra en Chungkai».[11]

No tiene que ir a un campo de prisioneros de guerra para encontrar egoísmo, odio y orgullo. En una sala de reuniones de una corporación, en una habitación matrimonial o en las áreas poco habitadas de un país, el código de la jungla está vivo y bien. *Cada hombre, por sí mismo. Obtiene todo lo que puede y acapara todo lo que obtiene. La ley del más fuerte.*

¿Este código contamina su mundo? ¿Los pronombres posesivos dominan el lenguaje de su círculo? *Mi* carrera, *mis* sueños, *mis* cosas. Quiero que las cosas se encaminen a *mi* tiempo y a *mi* forma. Si es así, usted sabe qué salvaje puede ser ese gigante. Y cada vez con más frecuencia, un diamante brilla en el barro. Un camarada comparte, un soldado se preocupa o Abigaíl, la deslumbrante Abigaíl, se yergue en su camino.

Vivió en la época de David en la tierra de los filisteos, y estaba casada con Nabal, cuyo nombre significa «tonto» en hebreo. Y cumple con esa definición.

Piense en él como el Saddam Hussein del territorio. Poseía ganado y estaba orgulloso de él. Mantenía su bar repleto de licor, sus días calientes, manejaba una alargada limusina, sus asientos en la NBA [los juegos de baloncesto] estaban en la primera fila, su jet era Lear y era un asiduo concurrente a Las Vegas, los fines de semana, del muy popular juego de cartas de póquer *Texas Hold'em.* Media docena de guardias de seguridad del tamaño de los jugadores defensivos lo seguían dondequiera que fuese.

Nabal necesitaba protección. Era «insolente y de mala conducta... Tiene tan mal genio que ni hablar se puede con él» (1 Samuel 25.3, 17).[12] Aprendió las habilidades de la gente en el zoológico local. Nunca encontró a una persona con la que no pudiera enojarse o una relación a la que no pudiera estropear. El mundo de Nabal giraba en torno de Nabal. No compartía nada con nadie, y reía ante el hecho de sólo pensarlo.

Especialmente con David.

David jugó el rol de Robin Hood en el desierto. Él y sus seiscientos soldados protegían a los granjeros y pastores de los vándalos y beduinos. Israel no tenía fuerzas policiales o patrullas, por ese motivo David y sus poderosos hombres encontraron en la campiña una imperiosa necesidad. Vigilaban con suficiente eficiencia como para provocar que uno de los pastores de Nabal dijese: «Día y noche nos protegieron mientras cuidábamos los rebaños cerca de ellos» (v. 16).

David y Nabal cohabitaban el mismo territorio con la armonía de dos toros en las mismas pasturas. Ambos fuertes y cabezas duras. Fue cuestión de tiempo para que colisionaran.

Los cuellos comenzaban a inclinarse luego de la cosecha. Con el cordero esquilado y el heno juntado, era tiempo de hornear el pan, asar el cordero y servir el vino. Tomarse un respiro de los surcos y rebaños y disfrutar de la fruta y de la labor. Como recogemos la historia, los hombres de Nabal estaban haciendo sólo eso.

David sabe de la gala y piensa que sus hombres merecen una invitación. Después de todo, ellos han estado protegiendo los cultivos y las ovejas, patrullado las colinas y asegurado los valles. Merecen un poco de recompensa. David envía a diez hombres a Nabal con este pedido: «Te agradeceré que recibas bien a mis hombres, pues este día hay que celebrarlo. Dales, por favor, a tus siervos y a tu hijo David lo que tengas a la mano» (v. 8). El grosero de Nabal se burla al pensar:

> «¿Y quién es ese tal David? ¿Quién es el hijo de Isaí? Hoy día son muchos los esclavos que se escapan de sus amos. ¿Por qué he de compartir mi pan y mi agua, y la carne que he reservado para mis esquiladores, con gente que ni siquiera sé de dónde viene?» (vv. 10-11)

Nabal aparenta no haber escuchado nunca sobre David, confundiéndolo con fugitivos esclavos y vagabundos. Ese tipo de insolencia enfurece a los mensajeros, y dan media vuelta y vuelven con un completo informe a David.

Las ramas de olivo hacen más bien que las hachas para la lucha.

David no necesita escuchar las novedades dos veces. Les dice a los hombres que formen un grupo. O, más precisamente: «¡Cíñanse todos la espada!»

Cuatrocientos hombres se juntaron y partieron. Miradas enfurecidas. Narices que echan fuego. Labios que gruñen. Testosterona que fluye. David y su compañía tronaban sobre Nabal, el canalla, quien obviamente toma cerveza y come la barbacoa con sus compinches. La calle retumba mientras David se queja: «¡Que Dios me castigue sin piedad si antes del amanecer no acabo con todos sus hombres!» (v. 22)

Espere. Es el Lejano Oeste en el Antiguo Este.

Entonces, de pronto, la belleza aparece. Una margarita alza su cabeza en el desierto, un cisne se posa en la planta envasadora de carne, un olorcito a perfume flota a través del vestuario de hombres. Abigaíl, la esposa de Nabal, se yergue en el camino. Donde él es egoísta y bruto, ella es «bella e inteligente» (v. 3).

Inteligencia *y* belleza. Abigaíl pone ambas a trabajar. Cuando sabe de la cruda reacción de Nabal, se lanza a la acción. Sin decirle ninguna palabra a su esposo, junta presentes y corre para interceptar a David. A medida que David y sus hombres descienden el barranco, toma su posición armada con «doscientos panes, dos odres de vino, cinco ovejas asadas, treinta y cinco litros de trigo tostado, cien tortas de uvas pasas y doscientas tortas de higos. Después de cargarlo todo sobre unos asnos» (v. 18).

Cuatrocientos hombres arriendan sus caballos. Algunos miran boquiabiertos la comida, otros quedan embobados con la mujer. Ella es guapa y buena cocinera, una combinación perfecta para cualquier ejército (la imagen es de una rubia que se muestra en un campamento de entrenamiento de reclutas con un camión lleno de hamburguesas y helados).

Abigaíl no es tonta. Sabe la importancia del momento. Se encuentra como en un punto entre su familia y la muerte segura. Cayendo a los pies de David, emite una súplica digna de un párrafo de las Escrituras: «Señor mío, yo tengo la culpa. Deje que esta sierva suya le hable; le ruego que me escuche» (v. 24).

La mujer no defiende a Nabal, está de acuerdo con que es un sinvergüenza. Ruega no por justicia, sino por perdón, acepta las culpas cuando no las merece. «Yo le ruego que perdone la falta de esta servidora suya» (v. 28). Ofrece los regalos de su casa y exhorta a David a dejar a Nabal en las manos de Dios y evitar el remordimiento del peso de la muerte.

Sus palabras caen sobre David como el sol del verano sobre el hielo. Se derrite.

«¡Bendito sea el Señor, Dios de Israel, que te ha enviado hoy a mi encuentro!... si no te hubieras dado prisa en venir a mi encuentro, para mañana no le habría quedado vivo a Nabal ni uno solo de sus hombres... Como puedes ver, te he hecho caso: te concedo lo que me has pedido» (vv. 32, 34-35).

David retorna al campamento. Abigaíl retorna a Nabal. Lo encuentra demasiado borracho como para conversar, entonces espera hasta el día siguiente para describir lo cerca que estuvo David del campamento y Nabal de morir. «Nabal sufrió un ataque al corazón y quedó paralizado. Unos diez días después, el Señor hirió a Nabal, y así murió» (v. 38).

Cuando David supo de la muerte de Nabal y de la repentina disponibilidad de Abigaíl, le agradeció a Dios por lo primero y tomó ventaja de lo segundo. Imposible sacarse de la cabeza a la bella mujer en medio del camino. Él propuso y ella aceptó. David obtuvo una nueva

---

«¡La lengua amable quebranta hasta los huesos!» (Proverbios 25.15)

---

mujer; Abigaíl, un nuevo hogar. Y tenemos aquí un gran principio: la belleza puede vencer a la barbarie.

La sumisión rescata el día aquél día. La dulzura de Abigaíl revierte un río de odio. La humildad tiene tal poder. Las disculpas pueden desarmar peleas. La contrición puede desactivar la rabia. Las ramas de olivo hacen más bien que las hachas para la lucha. «¡La lengua amable quebranta hasta los huesos!» (Proverbios 25.15)

Abigaíl enseña mucho. El contagioso poder de la bondad. La fuerza de un corazón noble. Su más grande lección, sin embargo, es sacar nuestros ojos de la belleza y ponerlos en alguien más. Ella eleva nuestros pensamientos de un espacio rural a la cruz de Jerusalén. Abigaíl nunca conoció a Jesús. Vivió mil años antes de su sacrificio. No obstante, su historia prefigura su vida.

Abigaíl se ubicó entre David y Nabal. Jesús se ubicó entre Dios y nosotros. Abigaíl, voluntariamente, se arriesgó a que la castigaran por los pecados de Nabal. Jesús le permitió al cielo que lo castigara por los pecados de ustedes y los míos. Abigaíl no admitió el odio de David. ¿No lo protegió Cristo a usted de Dios?

Él fue nuestro «mediador entre Dios y los hombres, Jesucristo hombre, quien dio su vida como rescate por todos» (1 Timoteo 2.5-6).

Cristo vivió la vida que nosotros no pudimos vivir,
tomó el castigo que nosotros no pudimos tomar,
ofrece la esperanza que nosotros no podemos resistir.

¿Quién es mediador sino el que se para en medio? ¿Y qué hizo Cristo, sino pararse entre la ira de Dios y nuestro castigo? Cristo interceptó la cólera del cielo.

Algo vagamente similar ocurrió en el campamento de Chungkai. Una tarde después del trabajo, un guardia japonés anunció que una pala se había extraviado. El oficial mantuvo a los aliados en formación, insistiendo en que alguien la había robado. Emitiendo alaridos en un inglés imperfecto, exigió que el culpable diese un paso al frente y cargó al hombro su fusil, listo para matar a un prisionero antes de que hiciera su confesión.

Entonces un soldado escocés rompió filas, se paró rígidamente y dijo: «Yo lo hice». El oficial liberó su ira, golpeó al hombre hasta matarlo y ordenó a los prisioneros levantar su cuerpo. Sólo entonces el guardia recontó las palas y sólo entonces el soldado japonés confesó que había contado mal. Había cometido un error. Después de todo, ninguna pala se había perdido.[13]

¿Quién hace eso? ¿Qué clase de persona se declararía culpable de algo que no cometió?

Cuando usted encuentre el adjetivo, adjúnteselo a Jesús. «Todos andábamos perdidos, como ovejas; cada uno seguía su propio camino, pero el Señor hizo recaer sobre él la iniquidad de todos nosotros» (Isaías 53.6). Dios trató a su inocente Hijo como a la culpable raza humana, su Santo Único como a un canalla mentiroso; su Abigaíl como a Nabal.

Cristo vivió la vida que nosotros no pudimos vivir, tomó el castigo que nosotros no pudimos tomar, ofrece la esperanza que nosotros no podemos resistir. Su sacrificio nos implora hacer esta pregunta: Si nos amó, ¿podemos nosotros no amarnos? Habiendo sido perdonados, ¿podemos no perdonar? Habiendo festejado en la mesa de gracia, ¿podemos no compartir una migaja? «Nadie ha visto jamás a Dios, pero si nos amamos los unos a los otros, Dios permanece entre nosotros, y entre nosotros su amor se ha manifestado plenamente» (1 Juan 4.12).

¿Encuentra al mundo de su Nabal muy difícil para su estómago? Entonces haga lo que hizo David: pare de mirar fijamente a Nabal. Cambie su mirada dirigiéndola hacia Cristo. Mire más al Mediador y menos al alborotador. «No te dejes vencer por el mal; al contrario, vence el mal con el bien» (Romanos 12.21). Un prisionero puede cambiar el campamento. Una Abigaíl puede salvar a una familia. Sea la belleza en medio de su bestia y vea qué ocurre.

8

ARMAS DEVALUADAS

GOLIAT TIENE UN arma diseñada al gusto del cliente, que alcanza cientos de metros, mágnum calibre .338 con un cargador aflautado y un alcance tipo misil buscacorazones. No dispara balas, sino tristeza. No toma vidas, sino sonrisas. No ocasiona lastimaduras en el cuerpo, sino aporreos en la fe.

¿Alguna vez lo golpearon?

Si no puede encontrar su ritmo, entonces sí. Si no parece alcanzar la primera fase hacia el logro de sus objetivos, entonces sí. Cada paso hacia delante que da, se encuentra perdido en dos pasos hacia atrás.

Relaciones estropeadas.

Cielos oscurecidos y muy nublados.

Sus noches desafían el amanecer.

Usted ha sido devaluado.

Los problemas son los sioux. Usted es Custer. Usted se siente como si estuviera en una posición que el enemigo pronto destruirá.

Eso es lo que siente David. Saúl lo abrumó haciendo que duerma en cuevas. Que merodee bajo los árboles. Seiscientos soldados dependen de David; de su liderazgo y de provisiones. Estos seiscientos hombres tienen mujeres y niños. David tiene dos esposas, pero en su tienda todo es tensión.

Escapa de un rey loco. Se esconde en las colinas. Conduce a soldados. Más de mil bocas para alimentar.

La devaluada arma encuentra su marca. Escuche a David: «Un día de éstos voy a morir a manos de Saúl. Lo mejor que puedo hacer es huir a la tierra de los filisteos. Así Saúl se cansará de buscarme por el territorio de Israel, y podré escapar de sus manos» (1 Samuel 27.1).

Sin esperanzas y, para la mayoría, sin Dios. David pone toda su concentración en Saúl. Cuelga un póster de Saúl en su pared y repite sus mensajes. Está inmerso en su temor, hasta que su temor lo controla. «Me destruirá».

Sabe más. En los días más luminosos y en los momentos en que se siente más saludable, David modela una terapia teniendo como guía el cielo para los días más difíciles. La primera vez que se enfrentó a los filisteos en el desierto, «David consultó al Señor» (23.2). Cuando se sintió pequeño contra el enemigo, «David consultó al Señor» (v. 4). Cuando lo atacaron los amalecitas, «David consultó al Señor» (2 Samuel 2.1). David los derrotó, y todavía organizaron otro ataque, entonces «David consultó al Señor» (v. 23). David guardó un número de acceso rápido para comunicarse con Dios.

¿Confundido? David habló con Dios. ¿Impedido? David habló con Dios. Habló con Dios la mayor parte del tiempo. Pero no esta vez. En esta ocasión, David habla consigo mismo. No busca siquiera el consejo de sus asesores. Cuando Saúl arremetió por primera vez contra David, este recurrió a Samuel. A medida que los ataques continuaron, David pidió consejo a Jonatán. Cuando se encontró sin armas y sin alimento, se refugió en los sacerdotes de Nob. En este caso, sin embargo, David consulta a David.

Pobre elección. Mire el consejo que se da a sí mismo: «Un día de éstos voy a morir a manos de Saúl» (27.1).

No, no será así, David. ¿No recuerdas el aceite dorado de Samuel sobre tu rostro? Dios te ha designado. ¿No recuerdas la promesa de Dios a través de Jonatán? «Tú vas a ser el rey de Israel» (23.17). ¿Has olvidado la garantía que Dios te dio a través de Abigaíl? «Así que, cuando el Señor le haya hecho todo el bien que le ha prometido, y lo haya establecido como jefe de Israel» (25.30). Dios le ha asegurado seguridad a través de Saúl: «Ahora caigo en cuenta de que tú serás el rey» (24.20).

Pero en la ola del desánimo, David apretó el botón de pausa sobre los buenos pensamientos, y piensa:

> «Un día de éstos voy a morir a manos de Saúl. Lo mejor que puedo hacer es huir a la tierra de los filisteos. Así Saúl se cansará de buscarme por el territorio de Israel, y podré escapar de sus manos» (27.1).

Entonces David huye, y Saúl suspende la cacería. David deserta en las manos del enemigo. Conduce a sus hombres a las tierras de ídolos y falsos dioses y arma su tienda de campaña en el patio trasero de Goliat. Cae ruidosamente en los pastizales del mismísimo Satán.

En principio, David siente alivio. Saúl abandona la persecución. Los hombres de David pueden dormir con ambos ojos cerrados. Los niños pueden concurrir al jardín de infantes y las esposas deshacer las maletas. Pero esconderse con el enemigo trae un alivio temporal.

¿No es siempre así?

Ya no se resista al alcohol y usted reirá... por un momento.

Márchese de su casa, de su esposa y se relajará... por un tiempo.

Dése el gusto con la pornografía y tal vez se entretendrá... por una temporada.

Pero entonces sentirá que hay garras que lo hunden. Olas de culpa que se estrellan. La ruptura de la soledad que se aproxima. «Hay caminos que al hombre le parecen rectos, pero que acaban por ser caminos de muerte. También de reírse duele el corazón, y hay alegrías que acaban en tristeza» (Proverbios 14.12-13).

Pero esconderse con el enemigo trae un alivio temporal.

Ese «amén» que recién ha escuchado vino de David desde lo alto. Él puede decírselo. Escuche la tercera estrofa de su canción de la depresión. En el verso uno, él se agota. Entonces se escapa. Y para sobrevivir en el campo del enemigo, David se vende.

Cierra trato con Aquis, el rey de la filistea Gat: «Le ruego me conceda algún pueblo en el campo, y allí viviré. No tiene ningún sentido que *este siervo* suyo viva en la capital del reino» (1 Samuel 27.5; énfasis del autor).

Note cómo se menciona David, «este siervo», a su enemigo el rey. El orgullo de Israel, el vencedor de Goliat, levanta una copa y brinda con el adversario de su familia.

Aquis le da la bienvenida al pacto. Le concede a David una villa, Siclag, y sólo le pide que se vuelva en contra de su propia gente y la mate. Tanto como Aquis sabe, David lo cumple. Pero David, en realidad, ataca sorpresivamente a los enemigos de los hebreos:

> «Acostumbraba salir en campaña con sus hombres para saquear a los guesureos, guirzitas y amalecitas... Cada vez que David atacaba la región, no dejaba a nadie con vida, ni hombre ni mujer. Antes de regresar adonde estaba Aquis se apoderaba de ovejas, vacas, asnos y camellos, y hasta de la ropa que vestían» (vv. 8-9).

No son las mejores horas de David. Le miente al rey filisteo y cubre su engaño con derramamiento de sangre. Así continúa con su hipocresía por dieciséis meses. Desde ese momento no existen salmos. Su arpa permanece en silencio.

El decaimiento enmudece al juglar.

Las cosas se ponen peor antes de mejorar.

Los filisteos deciden atacar al rey Saúl. David y sus hombres optan por cambiar de bando y unirse a la oposición. Imagínese a los de la marina de los Estados Unidos uniéndose a los nazis. Viajan tres días al campo de batalla, sin embargo los rechazan y vuelven nuevamente a su lugar. «Pero los generales filisteos, enojados con Aquis, le ordenaron... no dejes que nos acompañe en la batalla, no sea que en medio del combate se vuelva contra nosotros» (29.4).

David lidera a sus no aceptados hombres de vuelta a Siclag, sólo para ver la villa completamente quemada. Los amalecitas la han destruido y han secuestrado a todas las mujeres, hijos y hermanas. Cuando David y sus hombres ven esta devastación «se pusieron a llorar y a gritar hasta quedarse sin fuerzas» (30.4).

Rechazados por los filisteos, saqueados por los amalecitas, sin tierras por las que pelear, sin familia a la que retornar... ¿Pueden las cosas ir peor? Pueden. El veneno destella de los ojos de los soldados. Los hombres de David comienzan a buscar rocas. «David se alarmó, pues la tropa hablaba de apedrearlo» (v. 6).

Debemos preguntarnos, ¿está David arrepintiéndose de su decisión? ¿Añorando los días en el desierto? ¿Los buenos días en la cueva? Allí, sin filisteos que los rechacen ni amalecitas que los ataquen, sus hombres lo apreciaban y sus esposas estaban con él.

Como manejamos nuestros momentos difíciles permanece con nosotros durante un largo período.

Ahora, en las ruinas de Siclag, con las piedras seleccionadas por sus hombres listas para arrojárselas, ¿se arrepiente de su elección de no orar, de escapar y venderse?

Depresiones: la placa de Petri por malas decisiones, el incubador por los giros incorrectos, la cadena de montaje de los arrepentidos movimientos. Como manejamos nuestros momentos difíciles permanece con nosotros durante un largo período.

Y usted, ¿cómo se encarga de los suyos? Cuando la esperanza toma el último tren y la alegría es nada más que el nombre de una chica en la calle... Cuando está cansado de tratar, cansado de perdonar, cansado de las semanas difíciles o de la gente cabeza dura, ¿cómo maneja sus días oscuros?

¿Con un frasco de píldoras o una botella de whisky? ¿Con una hora en el bar, un día en el salón de belleza o una semana en la costa? Muchas opciones para este tipo de cura. Adoptamos demasiadas, de hecho, para ponerle energía a la vida triste. Pero ¿lo consigue? Nadie niega que sea una ayuda por un tiempo, pero, ¿a largo plazo? Insensibiliza el dolor, pero ¿lo quita?

¿O somos como el cordero en el acantilado turco? Quién sabe por qué el primero saltó sobre la orilla. Aun más bizarros son los otros mil quinientos que lo siguieron, cada uno saltando la misma extensión. Los primeros 450 animales murieron. Los centenares que los siguieron sobrevivieron sólo porque la pila de cuerpos amortiguó sus caídas.[14]

Nosotros, como ovejas, seguimos a los otros por sobre el borde, cayendo precipitadamente en bares, borracheras y camas. Como David, chocamos con Gat, sólo para encontrar que Gat no tiene solución.

¿Hay una solución? Sí. Efectivamente la hay. Haciendo de modo correcto lo que David hizo incorrecto.

Él se equivocó respecto de la oración. Usted haga lo opuesto: *esté listo para orar*. Pare de hablarse. Háblele a Cristo, que lo invita. «Vengan a mí todos ustedes que están cansados y agobiados, y yo les daré descanso» (Mateo 11.28).

Dios nunca está abatido, nunca se aburre de sus malos días.

David abandona los buenos consejos. Aprende de sus errores. La próxima vez que carezca de voluntad para continuar, *busque consejos saludables.*

Usted no va a querer hacerlo. La gente deprimida ama a gente deprimida. La gente dolorida pasa tiempo con gente dolorida. Amamos a aquellos que nos compadecen y evitamos a quienes nos corrigen. Ambas cosas, corrección y dirección, son lo que necesitamos.

Descubrir la importancia de un consejo saludable en la mitad de un triatlón Ironman. Después de nadar dos kilómetros y noventa kilómetros en bicicleta, no tenía muchas energías como para hacer veinte kilómetros de carrera. Tampoco el compañero que corría cerca de mí. Le pregunté cómo estaba, y rápidamente me arrepentí de hacerle la pregunta.

«Esto apesta. Esta carreta es la más tonta decisión que alguna vez haya tomado». Se quejó más que un contribuyente en Hacienda Pública. ¿Mi respuesta? «Hasta pronto». Supe que si lo escuchaba mucho más, comenzaría a estar de acuerdo con él.

Me puse al nivel de una abuela de sesenta y seis años. Su estilo era exactamente el opuesto. «Lo terminará —me animó—. Hace calor, pero al menos no llueve. Un paso a la vez... No olvide hidratarse... Quédese por allí». Corrí cerca de ella hasta que mi corazón estuvo por desvanecerse y las piernas me dolían. Finalmente tuve que disminuir la marcha. «No hay problemas», me saludó mientras continuaba.

¿Cuál de los dos consejos descritos sigue? «Cuando falta el consejo, fracasan los planes; cuando abunda el consejo, prosperan» (Proverbios 15.22).

Esté pronto para orar, siga consejos saludables y no se rinda.

Esté pronto para orar,
siga consejos saludables y no se rinda.

No cometa el error de Florence Chadwick, cuando en 1951 intentó atravesar a nado las frías aguas del océano entre la isla de Santa Catalina y la costa de California. Nadó a través de un clima brumoso y picadas aguas por quince horas. Sus músculos comenzaron a acalambrarse y a hacerse más débiles. Rogaba que la sacaran del agua, estaba exhausta y paró de nadar. El auxilio la sacó y la introdujo en un bote. A los pocos minutos de andar, gracias a un claro en la neblina, se dieron cuenta de que la costa estaba a menos de un kilómetro de distancia. «Todo lo que podía ver era neblina —explicó en conferencia de prensa—. Si hubiese podido ver la costa, lo hubiera intentado».[15]

Mire la costa que espera por usted.
Que no lo engañe la neblina de la depresión.
El final podría llevarlo hacia fuera.

Mire la costa que espera por usted. Que no lo engañe la neblina de la depresión. El final podría llevarlo hacia fuera. Dios quizá, en ese momento, levante su mano haciéndole una señal a Gabriel para que tome su trompeta. Los ángeles quizás estén juntos, los santos reunidos, los demonios temblando. ¡Quédese! Quédese en el agua. Quédese en la carrera. Quédese en la pelea. Entregue gracia una vez más. Sea generoso una vez más. Enseñe una clase más, anime un alma más, dé una brazada más.

David lo hizo. Justo ahí, en las humeantes ruinas de Siclag, encontró fuerzas.

Después de dieciséis meses en Gat, después del rechazo de los filisteos, del ataque de los amalecitas y de la insurrección de sus hombres, recordó qué hacer: «David cobró ánimo y puso su confianza en el Señor su Dios» (1 Samuel 30.6).

Es bueno tenerte a ti de vuelta, David. Te extrañamos mientras estuviste fuera.

9

MOMENTOS EN QUE UNO SE DEJA CAER SIN FUERZAS

HACE POCO VI a una mujer paseando un perro, sujeto con una correa. Mejor dicho, vi a una mujer *arrastrando* un perro *con* una correa. El día estaba despiadadamente caluroso. El perro se había detenido totalmente. Había caído de panza pesadamente en el pasto húmedo, cambiando el abrasador pavimento por un poco de césped fresco.

La mujer tiraba y tiraba. Hubiera tenido más éxito empujando un camión remolcador.

El perro tenía energía, tenía mucha energía, entonces se echó y allí quedó.

No va a ser el último en hacer eso. ¿Alguna vez ha alcanzado el punto en que cae pesadamente, sin fuerzas?

Culpe a su jefe: «Necesitamos que tome *un* caso *más*».

A su esposa: «Estaré fuera de casa hasta tarde *una* vez *más* esta semana ».

A sus padres: «Tengo *una* tarea *más* para que hagas».

A su amigo: «Necesito que me hagas *un* favor *más*».

¿El problema? Que se ha tomado a su cargo, ha tolerado, ha hecho, ha perdonado, ha ocupado, hasta que ya no aguanta más un «*una vez más*». Usted es un cachorro cansado. Entonces cae pesadamente. *¿A quién le importa lo que piense el vecino? ¿A quién le preocupa lo que el maestro piensa? Permitirles que tiren de la correa todo lo que quieran, no estoy tomando ninguna medida más.*

Pero es distinto al perro, no cae en el pasto. Si fuera como los hombres de David, usted se sumergiría en el arroyo de Besor.

No se sienta mal si nunca ha escuchado hablar de ese lugar. La mayoría de la gente no lo ha hecho, pero muchos lo necesitan. El relato del arroyo de Besor merece un espacio en las bibliotecas de las personas agotadas. Les habla con dulces palabras a los cansados corazones.

La historia surge de las ruinas de Siclag. David y seiscientos soldados retornan del frente de batalla de los filisteos para encontrar una total y completa devastación. Una banda de asalto de amalecitas había arrasado la villa, saqueado, y llevado consigo a las mujeres y a los niños como rehenes. La pena de los hombres se convirtió en ira, no contra los amalecitas, sino contra David. Después de todo, ¿no los había conducido a la batalla? ¿No había dejado a las mujeres y a los niños desprotegidos? ¿No es él el culpable? Entonces merece morir. Y comenzaron a juntar piedras.

¿Qué más es nuevo? David estaba comenzando a acostumbrarse a ese tipo de tratamiento. Su familia lo había ignorado, Saúl protestaba furiosamente contra él y ahora el ejército, el cual, si usted se acuerda, trataba de encontrarlo, no viceversa, se ha vuelto contra él. David, en el proceso, era un psicópata, rechazado por cada persona en su vida. Esta pudo haber sido la peor de sus horas.

Pero sacó lo mejor de todo esto.

Mientras seiscientos hombres avivan su ira, David busca a Dios. «Pero cobró ánimo y puso su confianza en el Señor su Dios» (1 Samuel 30.6).

Qué esencial es que aprendamos a hacer lo mismo. Los sistemas de ayuda no siempre ayudan. Los amigos no son siempre amigables. Los pastores pueden desviarse y las iglesias perder el contacto con la realidad. Cuando nadie puede ayudar, tenemos que hacer lo que hizo David. Volver hacia Dios.

«¿Debo perseguir a esa banda? ¿Los voy a alcanzar? Persíguelos le respondió el Señor. Vas a alcanzarlos, y rescatarás a los cautivos» (v. 8). (Solía creer que sólo los santos podían hablar con Dios de esa forma. Estoy empezando a creer que Dios hablará con cualquiera de esa manera, y que los santos son los que se ocuparán de su propuesta.)

Recientemente comisionado, David redirecciona la ira de los hombres hacia el enemigo, y se encamina a la persecución de los amalecitas. Mantiene el desánimo de los hombres en mente. Todavía llevan las huellas del polvo de la larga campaña en la que habían estado y no habían extinguido totalmente su ira con David. No conocían la guarida de los amalecitas, y si no hubiese sido por el propósito de los que amaban, hubieran abandonado.

Efectivamente, doscientos lo hicieron. El ejército alcanza el arroyo de Besor y desmontan. Los soldados se meten en el riacho y refrescan sus caras, se hunden en el fango fresco y se estiran en el pasto. Y aunque habían escuchado la orden de continuar, doscientos eligen descansar. «Continúen con nosotros», les dijeron.

¿Cuán cansada puede una persona estar para abandonar el rescate de su propia familia?

La Iglesia tiene su quórum de ese tipo de gente. Buena gente. Gente piadosa. Sólo horas o años atrás, marchaban con profunda resolución. Pero ahora la fatiga los consume. Están exhaustos, golpeados, abatidos, tanto que no pueden juntar las fuerzas necesarias para salvar a su propia carne y a su propia sangre. La vejez les ha extraído el oxígeno. O quizá fue el desaliento de las derrotas. El divorcio puede dejarlo a usted en el arroyo. La adicción puede hacer lo mismo. Cual-

Y la Iglesia debe decidir.
¿Qué hacemos con la gente del arroyo de Besor?

quiera sea la razón, la Iglesia tiene su parte en la gente que sólo se sienta y espera.

Y la Iglesia debe decidir. ¿Qué hacemos con la gente del arroyo de Besor? ¿Los reprendemos? ¿Nos avergonzamos? ¿Los dejamos descansar?

¿O hacemos lo que hizo David? David les permitió quedarse.

Él y los cuatrocientos hombres restantes reanudan la cacería. Y con cada duna que pasan se hunden cada vez más profundo en el desánimo. Los amalecitas tienen una gran experiencia y no dejan huellas. Pero entonces David tiene un golpe de suerte. «Los hombres de David se encontraron en el campo con un egipcio, y se lo llevaron a David. Le dieron de comer y de beber» (1 Samuel 30.11).

El egipcio es un siervo minusválido que pesa más de lo que vale, los amalecitas lo habían dejado para que se muriera de hambre en el desierto. Los hombres de David lo atienden, volviéndolo a la vida con higos y pasas y le piden al siervo que los conduzca al campamento de su viejo amigo. Él está feliz de complacerlos.

David y sus hombres bajan en picada hasta el enemigo como los halcones sobre las ratas. Rescatan a cada mujer y a cada niño israelita. Cada amalecita muerde el polvo o depone en camino, dejando atrás preciosos botines. David pasa de ser chivo expiatorio a héroe, y los gritos de alegría comienzan.

El remate, sin embargo, tiene que leerse. Para sentirlo plenamente hay que imaginarse los pensamientos de algunos de los actores de esta historia.

Las esposas rescatadas. A usted recién la han arrebatado de su casa y arrastrado a través del desierto. Temió por su vida y tomó con fuerza a sus hijos. Entonces, un gran día, los muchachos buenos asaltan el campamento. Brazos vigorosos la levantan y la instalan entre la giba de un camello. Usted agradece a Dios por el equipo estratégico que la rescató y comienza a buscar, entre los soldados, el rostro de su marido.

—¡Querido! —grita—, ¡querido! ¿Dónde estás?

Su rescatista detiene el camello en una parada:

—Bueno... —comienza—, su «querido» se quedó en el campamento.

—¿Que hizo qué?

—Está con los otros en el arroyo de Besor.

En ese momento, tal vez usted podría comenzar a insultar.

—¡Besor, eh! ¡Estoy muy enfadada!

El pelotón de rescate. Cuando David llamó, usted arriesgó su vida. Ahora, con la victoria entre manos, vuelve galopando al arroyo de Besor. Divisa la cadena de colinas que está sobre el campamento y ve a los doscientos hombres allí debajo.

«Eres una sanguijuela».

Mientras usted peleaba, ellos dormían. Usted iba a una batalla, ellos a una matiné y a masajes terapéuticos. Ellos jugaban dieciocho hoyos y se quedaron despiertos hasta tarde jugando póquer.

Usted le dio a David su opinión. «Éstos no vinieron con nosotros, así que no vamos a darles nada del botín que recobramos. Que tome cada uno a su esposa y a sus hijos, y que se vaya» (v. 22).

Esposas a las que rescató: enojadas.

Rescatadores: resentidos.

¿Y qué hay de los doscientos hombres que se habían quedado descansando? Los gusanos tienen una alta autoestima. Se sienten tan varoniles como una carpeta de encajes.

Le mezclan, encienden y entregan a David un cóctel molotov de emociones. Y aquí se muestra cómo él lo desactiva.

> «No hagan eso mis hermanos, les respondió David. Fue el Señor quien nos lo dio todo, y quien nos protegió y puso en nuestras manos a esa banda de maleantes que nos había atacado. ¿Quién va a estar de acuerdo con ustedes? Del botín participan tanto los que se quedan cuidando el bagaje como los que van a la batalla» (vv. 23-24).

Note las palabras de David: «los que se quedan cuidando el bagaje», como si ese hubiera sido su trabajo. Ellos no habían pedido cuidar el bagaje, sino que habían querido descansar. Pero David dignifica su decisión de quedarse.

Está bien descansar.

Jesús pelea cuando usted no puede.

David realizó muchas grandes hazañas en su vida, y también muchas tontas hazañas. Pero quizá la más noble fue la más raramente discutida: honró a los exhaustos soldados del arroyo de Besor.

Algún día, alguien leerá lo que hizo David y le pondrá el nombre a su iglesia: La congregación del arroyo de Besor. ¿No es lo que una iglesia pretende ser? ¿Un lugar para que los soldados recuperen sus fuerzas?

¿Está usted agotado? Respire. Necesitamos de sus fuerzas.
¿Está fuerte? No juzge al cansado.

En su gran libro sobre David, *Leap Over a Wall* [Saltar una muralla], Eugene Peterson habla sobre un amigo que firma: «Tuyo en el arroyo de Besor».[16] Me pregunto cuántos podrían hacer lo mismo. Demasiado cansados para pelear. Demasiado avergonzados como para quejarse. Mientras otros proclamaban victorias, el cansado, se sienta en silencio. ¿Cuántos se sientan en el arroyo de Besor?

Si está en esa lista, esto es lo que necesita saber: Está bien descansar. Jesús es su David. Él pelea cuando usted no puede. Él va adonde usted no puede. No se enoja si usted se sienta. ¿Él no invitó «vengan conmigo ustedes solos a un lugar tranquilo y descansen un poco» (Marcos 6.31)?

El arroyo de Besor bendice el descanso.

El arroyo de Besor también advierte contra la arrogancia. David supo que la victoria fue un regalo. Recordemos lo mismo. La salvación llega como el egipcio en el desierto, una encantadora sorpresa en el sendero. No ganada. No merecida. ¿Quiénes son los fuertes para criticar al cansado?

¿Está usted agotado? Respire. Necesitamos de sus fuerzas.

¿Está fuerte? No juzgue al cansado. Existen probabilidades de que necesite, en algún momento, caer pesadamente, sin fuerzas. Y cuando lo haga, es bueno tener presente la historia del arroyo de Besor.

10

DOLOR INDESCRIPTIBLE

USTED PODRÍA ESCUCHAR de un policía: «Lo siento. No sobrevivió al accidente».

Podría recibir una llamada de un amigo, que le dice: «El cirujano nos dio malas noticias».

Son demasiadas las esposas que han escuchado esta frase de parte de soldados con rostros sombríos: «Lamentamos informarles que...»

En esa clase de circunstancias, la primavera se vuelve invierno, los azules cambian a grises, los pájaros se silencian y el frío de la pena se instala en nosotros. Hace frío en el valle de sombra de la muerte.

El mensajero de David no es un doctor, un amigo o un soldado. Es un jadeante amalecita, con ropas desgarradas y el cabello lleno de mugre, que tropieza con el campamento Siclag con las noticias: «Nuestro ejército ha huido de la batalla, y muchos han caído muertos contestó el mensajero. Entre los caídos en combate se cuentan Saúl y su hijo Jonatán» (2 Samuel 1.4).

David supo que los hebreos peleaban contra los filisteos. Supo que Saúl y Jonatán peleaban por sus vidas. A David le han informado el resultado. Cuando el mensajero le presenta la corona y el brazalete de Saúl, David tiene las pruebas irrefutables: Saúl y Jonatán están muertos.

Jonatán, más cercano que un hermano, salvó la vida de David y juró proteger a sus hijos.

Saúl, elegido por Dios, ungido por Dios. Sí, él ha sido un perro de caza para David, lo atormentó, pero incluso así, fue quien Dios designó.

El rey ungido por Dios, muerto.

El mejor amigo de David, muerto.

David tiene que enfrentarse aún a otro gigante, el gigante del dolor.

Nosotros hemos sentido su pesada mano en nuestros hombros. No en Siclag, sino en salas de emergencia, en hospitales para niños, en restos de vehículos y en campos de batalla. Y como David, tenemos dos opciones: huir o enfrentar al gigante.

Y como David, tenemos dos opciones:
huir o enfrentar al gigante.

Muchos optan por huir del dolor. El capitán Woodrow Call exhortó al joven Newt a hacer eso. En la película *Lonesome Dove* [La paloma solitaria], Call y Newt son parte de la conducción de ganado de Texas a Montana, en 1880. Cuando un enjambre de serpientes venenosas terminó con la vida del mejor amigo de Newt, Call ofreció un consejo, sumergido en el dolor por la pérdida del ser querido. En el entierro, bajo la sombra que los olmos le proporcionaban y rodeado de vaqueros, aconsejó: «Vete de aquí, hijo. Es la única manera de poder con la muerte. Vete de aquí».

¿Qué más puede hacer? La tumba provoca un dolor indescriptible que no tiene respuestas, estamos tentados a dar una vuelta e irnos. Cambiar de tema y eludir el problema, trabajar muy duro, tomar en cantidades, mantenernos muy ocupados, permanecer distantes, conducirnos al norte de Montana y no mirar hacia atrás.

Pagamos un precio muy alto cuando hacemos eso. La palabra en inglés que significa el dolor de la muerte viene de la raíz *reave*. Si la busca en el diccionario, va a leer: «Sacar por la fuerza, saquear, robar». La muerte a usted lo roba. La tumba saquea momentos y recuerdos: cumpleaños, vacaciones, lentas caminatas, charlas durante el té. Se encuentra desolado porque lo robaron.

Ha perdido la normalidad y no lo encontrará nunca más. Después de la muerte, producto de un cáncer, de su esposa, C. S. Lewis escribió: «Su ausencia es como el cielo expandido por sobre todas las cosas».[17]

Justo cuando piensa que la bestia del dolor se ha ido, escucha una canción que a ella le gustaba, o huele la colonia que usaba o pasa por un restaurante al que solían ir a comer. El gigante se muestra.

Y el gigante del dolor se mantiene, conmoviéndonos:

Ansiedad. ¿Soy el próximo?

¿Culpable por lo que dijo o no dijo?

Melancolía. Ve a las parejas intactas y añora a su compañera. El dolor no es una enfermedad mental, pero algunas veces se siente como si así fuera.

El capitán Call no entendió esto.

Tal vez, usted podría no entenderlo. Pero, por favor, inténtelo. Comprenda la gravedad de su pérdida. Usted no perdió en el juego Monopolio o no encuentra sus llaves. De esto, no puede salir. Entonces, en algún punto, en minutos o en meses, usted necesita hacer lo que hizo David: enfrentar el dolor.

Cuando se enteró de las muertes de Saúl y Jonatán: «David lo lamentó» (2 Samuel 1.17). El guerrero lloró. El comandante enterró el barbado rostro en sus insensibles manos y lloró. «Al oírlo, David y los que estaban con él se rasgaron las vestiduras. Lloraron y ayunaron hasta el anochecer porque Saúl y su hijo Jonatán habían caído a filo de espada, y también por el ejército del Señor y por la nación de Israel» (vv. 11-12).

Los llantos de los guerreros cubrieron las colinas. Un tropel de hombres caminaba gimiendo, llorando y con el luto a cuestas. Desgarraron sus ropas golpeando el suelo y exhalando dolor.

La muerte amputa una parte de su vida.

Usted necesita hacer lo mismo. Que el dolor fluya fuera de su corazón, y cuando retorne, hágalo salir nuevamente. Vaya hacia delante y llore, si es necesario, un río Mississippi.

Jesús lo hizo. Próximo a la tumba de su querido amigo «Jesús lloró» (Juan 11.35). ¿Por qué hizo eso? ¿No sabía de la inminente resurrección de Lázaro? Hace una declaración y en el momento su amigo sale de la tumba. Él verá a Lázaro antes de la cena. ¿Por qué las lágrimas?

Entre las respuestas que sabemos y entre las que no, está esta: La muerte apesta.

La muerte amputa una parte de su vida. Por eso Jesús lloró. Y en sus lágrimas encontramos permiso para verter las nuestras. F. B. Meyer escribió:

> «Jesús lloró. Pablo lloró. Los efesios convierten el llanto sobre el cuello de los apóstoles cuyos rostros ellos no iban a ver jamás. Cristo se para al lado de cada persona dolida, diciendo: "Llora mi hijo, llora por lo que he llorado"».
>
> Las lágrimas liberan el cerebro en llamas como la lluvia en las eléctricas nubes. Las lágrimas descargan la insoportable agonía del corazón como el desagüe libera la presión de la inundación contra la represa. Las lágrimas son el material con el cual el paraíso entreteje su más brillante arco iris.[18]

No sabemos cuánto tiempo lloró Jesús ni cuánto lloró David. Pero sí cuánto lloramos nosotros, y ese tiempo parece tan truncado. Los egipcios se visten de negro durante seis meses. Algunos musulmanes

---

Las lágrimas son el material con el cual el paraíso entreteje su más brillante arco iris. —F. B. Meyer

---

usan ropa de luto durante un año. Los judíos ortodoxos ofrecen oraciones por el pariente muerto cada día, durante once meses. Sólo quince años atrás, los estadounidenses rurales usaban brazaletes de tela negra por un período de varias semanas.[19] ¿Y hoy? ¿Soy el único que siente que apuramos nuestras heridas?

El dolor toma su tiempo. Dése algo de «El sabio tiene presente la muerte; el necio sólo piensa en la diversión» (Eclesiastés 7.4). *Lamentar* quizás es un verbo extranjero en nuestro mundo, pero no en las Escrituras. El setenta por ciento de los salmos son poemas de pena. ¿Por qué el Antiguo Testamento incluye un libro de lamentos? El hijo de David escribió: «Vale más llorar que reír; pues entristece el rostro, pero le hace bien al corazón» (Eclesiastés 7.3).

Exploramos los más profundos temas en la cueva de la pena. ¿Por qué estamos aquí? ¿Hacia dónde estoy orientado?

Exploramos los más profundos temas en la cueva de la pena. ¿Por qué estamos aquí? ¿Hacia dónde estoy orientado? El cementerio agita con fuerza preguntas vitales. David le otorga todas sus fuerzas a su angustia: «Cansado estoy de sollozar; toda la noche inundo de lágrimas mi cama, ¡mi lecho empapo con mi llanto!» (Salmo 6.6)

Y luego: «La vida se me va en angustias, y los años en lamentos; la tristeza está acabando con mis fuerzas, y mis huesos se van debilitando» (31.10).

¿Está usted enojado con Dios? Cuéntele por qué. ¿Disgustado con Dios? Hágaselo saber. ¿Cansado de decirle a la gente que está bien, cuando en realidad no es así? Hágales saber la verdad. Mis amigos Thomas y Andrea Davidson lo hicieron. Una bala perdida les arrebató a su hijo Tyler, de catorce años.

Tom escribe:

> «Nos bombardeaban con la pregunta "¿Cómo están?" Lo que realmente quería era decirles: "¿Cómo creen que estamos? Nuestro hijo está muerto, nuestra vida es miserable y deseo que el mundo termine"».[20]

David podría haber usado un lenguaje diferente, quizás no. Pero una cosa es segura: no rechazó ignorar la pena.

> «¡Ay, Israel! Tu gloria yace herida en las alturas de los montes.
> ¡Cómo han caído los valientes!... ¡Cuánto sufro por ti, Jonatán, pues te quería como a un hermano! Más preciosa fue para mí tu amistad que el amor de las mujeres... ¡Cómo han caído los valientes!» (2 Samuel 1.19-27).

David se lamentó tan creativamente como adoró y, subraye esto: «David compuso este lamento en honor de Saúl y de su hijo Jonatán. Lo llamó el "Cántico del Arco" y ordenó que lo enseñaran a los habitantes de Judá» (vv. 17-18).

David llamó a la nación a estar de luto. Presentó el llanto como una política pública. Rechazó encubrir o hacer sorda la muerte. La enfrentó, la combatió, la desafió. Pero no la negó. Como su hijo Salomón explicó «un tiempo para llorar» (Eclesiastés 3.4).

Dése algo. Enfrente su dolor con lágrimas, tiempo y, una vez más, enfréntelo con la verdad. Pablo exhortó a los tesalonicenses a apenarse, pero no quería que los cristianos «no ignoren lo que va a pasar con los que ya han muerto, para que no se entristezcan como esos otros que no tienen esperanza» (1 Tesalonicenses 4.13).

Dios tiene la última palabra sobre la muerte. Y si usted escucha, le dirá la verdad sobre sus seres amados. Ellos han sido despedidos del hospital llamado Tierra. Usted y yo todavía recorremos el salón, olemos las medicinas y comemos judías verdes y postres en bandeja de plástico. Ellos, mientras tanto, disfrutan de picnics, inhalan un aire de primavera y corren a través de flores que les llegan hasta las rodillas.

Usted los extraña locamente, pero ¿puede negar la verdad? No tienen dolor, duda, ni pelea. Realmente están más felices en el cielo.

¿Y no los veremos pronto? La vida estalla a la velocidad del mach. «Muy breve es la vida que me has dado; ante ti, mis años no son nada. Un soplo nada más es el mortal, Selah» (Salmo 39.5).

Él conoce la pena de la tumba.

Él enterró a su hijo, pero conoce también la alegría de la Resurrección.

Y a través de su poder, usted también lo sabrá.

Cuando deja a sus hijos en la escuela, ¿llora como si no los volviera a ver nunca más? Cuando deja a su esposa en un negocio, y estaciona el auto ¿la despide como si no la volviese a ver nunca más? No. Cuando dice: *Te veré pronto,* quiere decir precisamente eso. En el cementerio, cuando mira la suave y fresca tierra removida, y promete *Te veré pronto,* está diciendo la verdad. Reencuentro es una astilla de un momento eterno.

No hay necesidad «para que no se entristezcan como esos otros que no tienen esperanza» (1 Tesalonicenses 4.13).

Entonces, siga adelante y enfrente su dolor. Dése tiempo. Permítase las lágrimas. Dios entiende. Él conoce la pena de la tumba. Él enterró a su hijo, pero conoce también la alegría de la Resurrección. Y a través de su poder, usted también lo sabrá.

11

INTERSECCIONES CIEGAS

PUEDO PERDERME en cualquier lugar. En serio, en cualquiera. Un simple mapa me confunde; el más claro sendero me desconcierta. No puedo seguirle la pista a un elefante en un metro de nieve. Puedo equivocarme leyendo las instrucciones para ir al baño. Incluso, una vez me ocurrió y puse en una situación embarazosa a varias mujeres en un restaurante de comida rápida en Forth Worth.

- Mi lista de contratiempos puede servir como ideas para una comedia de la Pantera Rosa.
- Un día me perdí en el hotel donde me hospedaba. Le dije a la recepcionista que mi llave no funcionaba, sólo para darme cuenta luego de que estaba en el piso equivocado tratando de abrir una puerta equivocada.

Algunos años atrás, en cierta ocasión, estaba convencido de que habían robado mi automóvil del estacionamiento del aeropuerto. No era así, estaba en el garaje equivocado.

- Una vez me embarqué en el vuelo equivocado y me di cuenta en la ciudad equivocada.
- Mientras manejaba de Houston a San Antonio, salí de la ruta para cargar gasolina. Cuando volví a entrar a la ruta, manejé cerca de treinta minutos hasta darme cuenta de que estaba volviendo a Houston.
- Estando en Seattle, una vez dejé mi habitación del hotel con mucho tiempo de anticipación para mi charla, pero cuando vi los carteles que informaban que estaba en la frontera con Canadá, me di cuenta de que ya era demasiado tarde.
- Una vez salí para hacer ejercicios, retorné luego al hotel y comí. Había comido dos porciones del tenedor libre cuando recordé que mi hotel no tenía un bar para el desayuno. Estaba en el lugar equivocado.

Si los gansos tuvieran mi sentido de dirección, pasarían los inviernos en Alaska. Puedo relacionarlo con Cristóbal Colón que, como se sabe, no sabía hacia dónde se encaminaba cuando partió, dónde estaba cuando llegó, ni adónde había estado cuando regresó.

¿Puede entenderlo? Por supuesto que puede. En alguna oportunidad, a todos nos ha pasado que no hemos entendido lo que sucedía; y si no le ocurrió en una intersección de rutas, al menos sí en un punto decisivo de su vida. El mejor de los navegantes alguna vez se ha preguntado:

- ¿Tomo el trabajo o lo dejo?
- ¿Acepto el matrimonio o no?
- ¿Construyo o compro?
- ¿Me voy de casa o me quedo?

Una de las preguntas gigantes de la vida es: *¿Cómo puedo saber lo que Dios quiere que haga?* Y David pregunta eso. Él recién se ha enterado de la muerte de Saúl y Jonatán. De pronto, el trono está vacío y las opciones para David están abiertas. Pero antes de salir, mira hacia arriba: «Pasado algún tiempo, David consultó al Señor:

> «"¿Debo ir a alguna de las ciudades de Judá?" "Sí, debes ir", le respondió el Señor. "¿Y a qué ciudad quieres que vaya?" "A Hebrón"» (2 Samuel 2.1).

David tiene el hábito de exponer sus opciones delante de Dios. Y lo hace con una herramienta fascinante: el efod. Examine el aspecto de la huida de David de Saúl. David buscaba confort entre los sacerdotes de Nob. Saúl acusó a los sacerdotes de esconder al fugitivo y, acorde con su paranoia, los mató a todos. Un sacerdote de nombre Abiatar, sin embargo, pudo escapar. Y escapó con más que su vida, escapó con el efod.

> «Cuando Abiatar hijo de Ajimélec huyó a Queilá para refugiarse con David, se llevó consigo el efod... David se enteró de que Saúl tramaba su destrucción. Por tanto, le ordenó a Abiatar que le llevara el efod... Luego David oró: Oh Señor, Dios de Israel, yo, tu siervo, sé muy bien que por mi culpa Saúl se propone venir a Queilá para destruirla. ¿Me entregarán los habitantes de esta ciudad en manos de

Saúl? ¿Es verdad que Saúl vendrá, según me han dicho? Yo te ruego, Señor, Dios de Israel, que me lo hagas saber. Sí, vendrá le respondió el Señor. David volvió a preguntarle: ¿Nos entregarán los habitantes de Queilá a mí y a mis hombres en manos de Saúl? Y el Señor le contestó: Sí, los entregarán. Entonces David y sus hombres, que eran como seiscientos, se fueron» (1 Samuel 23.6-13).

David se pone el efod, le habla a Dios y recibe una respuesta. Algo similar ocurre después de la destrucción de Siclag, con el pueblo en ruinas y sus hombres enfurecidos.

Le ordena al sacerdote Abiatar, hijo de Ajimélec: «"Tráeme el efod". Tan pronto como Abiatar se lo trajo, David consultó al Señor: "¿Debo perseguir a esa banda? ¿Los voy a alcanzar?" "Persíguelos —le respondió el Señor—. Vas a alcanzarlos, y rescatarás a los cautivos"» (30.7-8).

¿Qué está ocurriendo? ¿Qué es el efod? ¿Qué lo hizo tan efectivo? ¿Se vende en tiendas?

El efod tiene su origen en el área del desierto errante. Moisés le presentó el primero a Aarón, el sacerdote. Era un vistoso chaleco, tejido con lino blanco, trabajado con hilos de colores azul, púrpura, escarlata y dorado. Un peto que portaba doce piedras preciosas, adornaba el chaleco. El peto poseía uno o dos, quizá tres, resplandecientes diamantes o piedras como diamantes. Estas piedras tenían el nombre de Urim y Tumim. Nadie sabe el significado exacto del término, pero la lista la encabezan «luz» y «perfección».

Dios les reveló su deseo a los sacerdotes a través de estas piedras. ¿Cómo? Escritores de la antigüedad han sugerido varios métodos. Las piedras:

- Se iluminaban cuando Dios decía «sí».
- Contenían letras que se movían, juntándose para formar una respuesta.
- Eran sagradas, y cuando eran emitidas, revelaban una contestación.[21]

Mientras nosotros especulamos sobre la técnica, no necesitamos estimar el valor. ¿Usted no querría ese tipo de herramienta? Cuando se enfrentó a esa misteriosa elección, David pudo, con un respetuoso corazón, hacer preguntas, y Dios respondió:

–¿Saúl vendrá tras de mí?

–Él lo hará.

–¿Los hombres me capturarán?

–Lo harán.

–¿Puedo perseguir al enemigo?

– Puedes

–¿Los venceré?

–Los vencerás

–¿Me adelantaré a ellos?

– Lo harás.

El Dios que guió a David, lo guía a usted.

Oh, ese Dios haría lo mismo por nosotros. Podríamos preguntarle y Él respondería. Podríamos gritarle y contestaría. ¿No le encantaría tener un efod? ¿Quién podría decir que no? Dios no ha cambiado. Todavía promete guiarnos:

«El Señor dice: "Yo te instruiré, yo te mostraré el camino que debes seguir; yo te daré consejos y velaré por ti"» (Salmo 32.8).

«Confía en el Señor de todo corazón, y no en tu propia inteligencia. Reconócelo en todos tus caminos, y él allanará tus sendas» (Proverbios 3.5-6).

«Ya sea que doble a la derecha o a la izquierda, igual sus oídos escucharán una voz a sus espaldas diciendo: "Éste es el camino; síguelo"» (Isaías 30.21).

«Mis ovejas oyen mi voz; yo las conozco y ellas me siguen» (Juan 10.27).

El Dios que guió a David, lo guía a usted. Usted necesita, simplemente, consultar a su Creador. ¡Si sólo hubiese pedido un consejo antes de tomar esta reciente decisión! Me desperté temprano una mañana, para una reunión. Cuando estaba buscando algo para desayunar, vi una bolsa de galletas en la cocina. Denalyn y nuestra hija Sara habían asistido hacía poco a la escuela para hacer masitas, con el fin de recolectar fondos, entonces pensé: *¡Qué suerte! Masitas para el desayuno. Denalyn debe haberlas puesto aquí para mí.*

Comí una y la encontré muy gomosa, casi pegajosa. *Una interesante textura*, pensé, *me hace recordar al pan árabe.* Comí una segunda porción. El sabor era un poco suave para mi gusto, pero cuando la mezclé con café, se volvió una opción interesante. Tomé una tercera para la calle. Hubiera tomado una cuarta, pero quedaba sólo una, se la dejé a Denalyn.

Más tarde, durante el día, ella me llamó:

—Parece que alguien estuvo metido en la bolsa de la cocina.

—Fui yo —admití—. He comido galletas mejores pero realmente no estuvieron mal.

—Esas no eran galletas, Max.

—¿No lo eran?

—No.

—¿Y qué eran?

¿Tiene una Biblia? Entonces léala.

—Galletas para el perro, hechas en casa.

Eso lo dice todo. Eso explicó la textura gomosa y sin sabor. Eso explicó por qué me rasqué la panza todo el día y daba coces (sin mencionar mi súbito interés por las bocas de incendio...)

Debía haber consultado al Creador. Necesitamos consultar a los nuestros. Descubrir su dirección empapando su mente en su escritura.

Quizá no tenga las piedras Urim y Tumim, pero:

¿Tiene una Biblia? Entonces léala.

¿Tiene algún otro libro que alguna vez haya sido descrito de esta manera? «Ciertamente, la palabra de Dios es viva y poderosa, y más cortante que cualquier espada de dos filos. Penetra hasta lo más profundo del alma y del espíritu, hasta la médula de los huesos, y juzga los pensamientos y las intenciones del corazón» (Hebreos 4.12).

«Viva y poderosa». ¡Las palabras de la Biblia tienen vida! Sustantivos con ritmo de pulsación. Adjetivos musculares. Verbos revoloteando de aquí para allá atravesando las páginas. Dios obra a través de estas palabras. La Biblia es a Dios lo que un guante quirúrgico es al cirujano. Logra, a través de ellos, tocarle profundamente a usted.

¿No ha sentido alguna vez su contacto?

En una última, solitaria hora, usted lee estas palabras: «Nunca te dejaré; jamás te abandonaré» (Hebreos 13.5).

La oración reconforta como una mano sobre su hombro. Cuando la ansiedad roe como una termita su paz, alguien comparte esta página con usted: «No se inquieten por nada; más bien, en toda ocasión, con oración y ruego, presenten sus peticiones a Dios y denle gracias» (Filipenses 4.6). Las palabras estimulan un suspiro de su alma.

O quizá la pereza esté tocando a su puerta. Usted está considerando un intento que le parece poco entusiasta cuando Colosenses 3.23 viene a su mente: «Hagan lo que hagan, trabajen de buena gana, como para el Señor y no como para nadie en este mundo». Semejantes palabras pueden penetrar, ¿no es cierto?

¿Tiene una familia de fe? Consúltela.

Úselas: «Que habite en ustedes la palabra de Cristo con toda su riqueza: instrúyanse y aconséjense unos a otros con toda sabiduría; canten salmos, himnos y canciones espirituales a Dios, con gratitud de corazón» (Colosenses 3.16).

No tome una decisión, sea esta grande o pequeña, sin sentarse ante Dios con una Biblia abierta, un corazón abierto, oídos atentos, imitando al sacerdote Samuel: «Habla, que tu siervo escucha respondió Samuel» (1 Samuel 3.10).

¿Tiene una Biblia? Léala.

¿Tiene una familia de fe? Consúltela.

Otros han hecho su pregunta. No es el primero que enfrenta el problema. Alguien más ya ha estado parado donde está usted y preguntándose lo que usted se pregunta. Busque consejo: «Consideren cuál fue el resultado de su estilo de vida, e imiten su fe» (Hebreos 13.7).

¿Tiene un matrimonio complicado? Fortalézcalo. ¿Lucha con la ética en los negocios? Busque sabios consejos de un empresario cristiano. ¿Lucha con la toma de decisiones en mitad de su vida? Antes de que abandone a su familia y retire la jubilación, tómese tiempo para obtener un consejo: «Al necio le parece bien lo que emprende, pero el sabio atiende al consejo» (Proverbios 12.15).

¿Posee un corazón para Dios? Préstele atención.

No necesita un efod para ponerse o piedras para consultar; usted tiene a la familia de Dios. Él le hablará a través de ella. Y le hablará también a través de su propia conciencia.

¿Posee un corazón para Dios? Préstele atención.

Cristo se acerca a los poseídos corazones de Cristo. «Pues Dios es quien produce en ustedes tanto el querer como el hacer para que se cumpla su buena voluntad» (Filipenses 2.13).

¿Qué le dice su corazón que tiene que hacer? ¿Qué elección engendra la más grande sensación de paz?

Algunos años atrás, Denalyn y yo estábamos por mudarnos. La estructura de la casa que habíamos elegido era buena y el precio justo, parecía una mudanza prudente, pero había algo que no me hacía sentir tranquilo. El proyecto me producía inquietud y malestar. Finalmente, manejé hasta la oficina del constructor y desistí de la operación. No puedo precisar con exactitud la causa de mi disconformidad, sólo que me sentía intranquilo.

Unos pocos meses atrás, me pidieron que ofreciese una charla en una conferencia de unidad racial. Intenté desistir, pero no pude hacerlo. El evento se mantuvo flotando en mi mente como un corcho en un lago. Finalmente acepté y, cuando volvía del acto, no podía explicar la impresión que me había producido. Pero sentí una gran tranquilidad por tomar esa decisión, y eso fue suficiente.

Algunas veces, una elección sólo se «siente» correcta. Cuando Lucas justificó el escrito de su evangelio a Teófilo, dijo: «Por lo tanto, yo también, excelentísimo Teófilo, habiendo investigado todo esto con esmero desde su origen, he decidido escribírtelo ordenadamente» (Lucas 1.3).

Dios no lo conducirá a violar su mundo.

¿Se fijó en la frase «he decidido»? Esas palabras reflejan a una persona parada en una encrucijada. Lucas consideró sus opciones y seleccionó el sendero que le pareció correcto.

Judas hizo lo mismo. Intentó dedicar su epístola al tema de la salvación, pero se sintió inseguro con la elección. Mire el tercer versículo de su carta.

> «Estimados amigos, quería escribir acerca de la salvación que compartimos. Pero sentí la necesidad de escribirles sobre algo más: quiero animarlos a pelear por la fe que le fue dada a la santa gente de Dios una vez y para siempre».

Nuevamente, sobre el lenguaje empleado: «Quería... pero sentí». ¿De dónde vinieron los sentimientos de Judas? ¿No vinieron de Dios?

El mismo Dios que «produce en ustedes tanto el querer como el hacer para que se cumpla su buena voluntad» (Filipenses 2.13).

Dios crea el «querer» dentro de nosotros.

Tenga cuidado con eso. A la gente le han enseñado a justificar estúpidamente que se base en sus «sentimientos». «Sentí a Dios dirigiéndome a engañar a mi esposa... a ser indiferente a mis cuentas... a mentir a mi jefe... a coquetear con una vecina casada». Téngalo presente: Dios no lo conducirá a violar su Palabra. No va a contradecir sus enseñanzas. Tenga cuidado con la frase: «Dios, permíteme...» No bromee. No disimule su pecado con si fuese una indicación de Dios. Él no le indica mentir, engañar o lastimar. Él lo conducirá fielmente a través de las palabras de su Escritura y los consejos de sus fieles.

No necesita de efod o piedras preciosas, usted tiene un corazón en el cual el Espíritu de Dios habita. Como F. B. Meyer escribió un siglo atrás:

> «Cada hijo de Dios tiene su propia piedra Urim y Tumim... una conciencia desprovista de ofensa, un corazón que se limpió en la sangre de Cristo, una naturaleza espiritual que se impregna y se llena del Espíritu Santo de Dios... ¿Está usted en dificultadas respecto de su camino? Vaya a Dios con su pregunta; obtenga la dirección a partir de la luz de su sonrisa o la nube de su rechazo... esté solo, donde las luces y las sombras de la Tierra no puedan interferir, donde la alteración de su propio deseo no moleste, donde las opiniones humanas no lleguen... Espere ahí, en silencio y expectante. Aunque todo a su alrededor insista sobre una inmediata decisión de la acción, el deseo de Dios se mostrará claramente, y usted... ganará una nueva concepción de Dios (y) un más profundo entendimiento de su naturaleza».[22]

¿Tiene un corazón para Dios? Preste atención.

¿Una familia de fe? Consúltela.

¿Una Biblia? Léala.

Usted tiene todo lo que necesita para enfrentar las preguntas tamaño gigante de su vida. La mayoría de ustedes tienen un Dios que los ama demasiado como para dejarlos vagando. Confíe en Él... y evite las galletas para perro.

12

Fortalezas

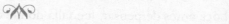

Pedro se sienta en la calle y apoya su cabeza contra un edificio. Le gustaría dar su cabeza contra el muro. Lo echó a perder de nuevo. Todos alguna vez decimos cosas que no debemos. Pedro lo hace diariamente. Siempre suelta las palabras equivocadas; como la ballena hace brotar agua salada, rociando sin cuidado a todos lados. Siempre hiere a alguien, pero esta noche lastimó a su más querido amigo. ¡Oh Pedro y su lengua, que se dispara con rapidez!

También está Joe y sus equivocaciones. El pobre muchacho no puede perdurar en un empleo. Su carrera compite con las Montañas Rocallosas: hacia arriba, hacia abajo, frío, calor, exuberancia, sequedad. Intenta en el mundo de los negocios de su familia, lo despiden. Prueba como gerente, y termina encerrado en prisión. Ahora está preso y su futuro es tan sombrío como el desierto de Mojave. Nadie podría criticarlo por su sentimiento de inseguridad; ha fracasado en cada oportunidad que se le presentó.

Entonces la tenemos a ella, no en el trabajo, sino en el matrimonio. El primero que tuvo, fracasó. Entonces probó un segundo. Para el derrumbe del tercero ya sabía los nombres de los nietos del oficinista que los atendió. Si su cuarta visita a la corte que los divorció no la convenció, la quinta le sacó todas sus dudas. Estaba destinada a los fracasos maritales.

La gente y sus proverbiales contratiempos. Pedro siempre abre la boca antes de pensar. Joe falla donde debería tener un resultado exitoso. La querida mujer gana en los matrimonios tanto como un burro en el hipódromo de Churchill Downs.

Y a usted, ¿qué problema lo aqueja?

Algunos son propensos al engaño. Otros, rápidos para dudar. Quizás usted se preocupe. Sí, todo el mundo se preocupa por algo, pero usted es dueño de la distribuidora nacional de la ansiedad. Quizá sea muy crítico. Seguro, todos podemos ser críticos, pero usted critica más que un juez federal.

¿Cuál es esa debilidad, el mal hábito, la actitud desconsiderada? ¿Dónde tiene Satanás su fortaleza en usted? ¡Ah!, ahí está la palabra apropiada, *fortaleza*: un baluarte, una ciudadela, murallas gruesas, puertas altas. Es como si el demonio hubiera tomado una debilidad y construido una rampa alrededor. «No tocarás este defecto»; desafía al paraíso, ubicándose de lleno entre la ayuda de Dios y su:

- Temperamento explosivo.
- Imagen frágil de usted mismo.
- Hambre insaciable.
- Desconfianza en la autoridad.

Las épocas van y vienen, y este monstruo del lago Ness todavía merodea en las profundidades de su alma. No se irá. Vive a ambos lados de su nombre compuesto: suficientemente *fuerte* como para asirse como un vicio, y suficientemente cabeza dura como para *mantenerse*. Se sujeta como una trampa para osos: cuanto más usted se sacude, más lastima.

Fortalezas: los desafíos viejos, difíciles, desalentadores.

Eso es a lo que David se enfrentó cuando miró hacia Jerusalén. Cuando usted y yo pensamos en la ciudad, nos imaginamos templos y profetas, a Jesús enseñando y a la iglesia del Nuevo Testamento creciendo. Nos imaginamos una capital próspera, centro de interés histórico.

Cuando David ve a Jerusalén, en el 1000 A.C., observa algo más: una fortaleza vieja, milenaria y sombría, ocupada desafiantemente sobre la columna vertebral de una cadena de colinas. Un accidentado terreno la elevaba. Altas murallas la protegían. Los jebuseos la habitaban. Nadie los molestaba. Los filisteos pelean con los amalecitas. Los amalecitas pelean con los hebreos. Pero ¿los jebuseos? Ellos son una serpiente de cascabel enroscada en el desierto. Todos los dejaban solos.

Todos... menos David. El recientemente coronado rey de Israel tiene sus ojos en Jerusalén. Está heredando un reino dividido. La gente necesita no sólo un líder, sino una fuerte sede central. David tiene su base en Hebrón, demasiado lejos, al sur, como para enlistar a los leales de las tribus del norte. Pero si se muda al norte, se aislará del sur. Entonces busca una ciudad neutral centralizada.

Quiere a Jerusalén. Nosotros sólo podemos preguntarnos cuánto tiempo ha estado mirando sus muros. Creció en Belén, a sólo un día de caminata al Este. Se escondió en las cuevas de la región de Engadi, no muy lejos hacia el Sur. Seguramente notó la presencia de Jerusalén.

En algún lugar relacionó esa parte como la capital perfecta. Apenas había ubicado la corona en su cabeza cuando puso sus ojos en su nuevo Goliat.

> «El rey y sus soldados marcharon sobre Jerusalén para atacar a los jebuseos, que vivían allí. Los jebuseos, pensando que David no podría entrar en la ciudad, le dijeron: "Aquí no entrarás; para ponerte en retirada, nos bastan los ciegos y los cojos". Pero David logró capturar la fortaleza de Sion, que ahora se llama la Ciudad de David. Aquel día David dijo: "Todo el que vaya a matar a los jebuseos, que suba por el acueducto, para alcanzar a los cojos y a los ciegos. ¡Los aborrezco!" De ahí viene el dicho: "Los ciegos y los cojos no entrarán en el palacio". David se instaló en la fortaleza y la llamó Ciudad de David» (2 Samuel 5.6-10).

Esta corta historia nos atormenta con la apariencia de sus dos caras del término *fortaleza*. En el versículo 7, «David logró capturar la fortaleza», y en el 9, «David se instaló en la fortaleza».

Jerusalén reúne estas calificaciones: una fortaleza vieja, difícil y desalentadora. Desde lo alto de las torres, los soldados jebuseos tienen suficiente tiempo como para dirigir sus flechas a cualquiera que trate de escalar las murallas. Y ¿desalentadora? Sólo escuche la forma pendenciera en que sus moradores le hablan a David: «Aquí no entrarás; para ponerte en retirada, nos bastan los ciegos y los cojos» (v. 6).

Los jebuseos vierten desprecio en David como Satanás descarga desaliento en usted:

- «Usted nunca vencerá sus malos hábitos».

- «El que nace en un segmento social despreciado y pobre, muere en un segmento social despreciado y pobre».
- «¿Piensa que puede vencer su adicción? Piénselo de nuevo».

Si ha escuchado las burlas que David oyó, su historia necesita la palabra que David tiene. ¿La leyó? La mayoría la pasa apurada. Nosotros no lo haremos. Saque un lápiz o subraye esta obra maestra de diez letras.

¿No le parecería extraordinario que Dios escribiera un sin embargo *en su biografía?*

Sin embargo.

«Sin embargo, David tomó la fortaleza...»

Se admite que la ciudad era vieja, las murallas difíciles, las voces desalentadoras... *Sin embargo,* David tomó la fortaleza.

¿No le parecería extraordinario que Dios escribiera un *sin embargo* en su biografía? Nació alcohólico, *sin embargo,* llevó una vida sobria. Nunca fue a la escuela, *sin embargo,* llegó a dominar el comercio. No leyó la Biblia hasta la edad de su retiro, *sin embargo,* tuvo una fe perdurable y profunda.

Todos nosotros necesitamos un *sin embargo.* Y Dios tiene suficientes, las fortalezas no significan nada para Él. ¿Recuerda las palabras de Pablo? «Las armas con que luchamos no son del mundo, sino que tienen el poder divino para derribar fortalezas» (2 Corintios 10.4).

Usted y yo peleamos con mondadientes; Dios viene con arietes y cañones. Lo que hizo por David, puede hacerlo por nosotros. La pregunta es, ¿haremos lo que David hizo? El rey ejemplifica mucho aquí.

David hace oídos sordos a esas viejas voces. ¿Y esos burlones que se pavonean sobre lo alto de las murallas? Descartó sus voces y se concentró en su trabajo.

Nehemías, sobre esas mismas murallas, asumió una actitud idéntica. En su caso, sin embargo, estaba sobre las piedras, y los que se burlaban estaban en la base. Avancemos quinientos años, y verá que los bastiones de Jerusalén están en ruinas, y mucha de su gente en cautiverio. Nehemías encabezó un programa de construcción para restaurar las fortificaciones. Los críticos le dicen que se detenga. Planean interferir en su trabajo. Ponen una lista de razones: que las piedras no pueden y no deberían ser reapiladas. Pero Nehemías no los escucha. «Así que envié unos mensajeros a decirles: "Estoy ocupado en una gran obra, y no puedo ir. Si bajara yo a reunirme con ustedes, la obra se vería interrumpida"» (Nehemías 6.3). Nehemías supo cómo apretar el botón para no escucharlos.

Dos tipos de pensamientos compiten continuamente por su atención.
Uno proclama la fuerza de Dios.
El otro muestra las fallas que usted tiene.

Jesús hizo lo mismo. Respondió a la tentación de Satanás con tres lacónicas oraciones y tres versículos de la Biblia. No dialogó con el diablo. Cuando Pedro le dijo a Cristo que eludiera la cruz, Jesús no consideró ese pensamiento. ¡Aléjate de mí, Satanás! (Mateo 16.23) Una multitud ridiculizó lo que dijo acerca de una joven niña: «La niña no está muerta sino dormida. Entonces empezaron a burlarse de él» (9.24). Los silenció: «Pero cuando se les hizo salir, entró él, tomó de la mano a la niña, y ésta se levantó» (v. 25).

David, Nehemías y Jesús fueron selectivos con lo que escucharon. ¿Podemos nosotros hacer lo mismo?

¿Por qué escuchar a los que se burlan... cuando, con la misma oreja, puede escuchar la voz de Dios?

Dos tipos de pensamientos compiten continuamente por su atención. Uno dice: «Sí, usted puede». Y el otro: «No, usted no puede». Uno dice: «Dios lo ayudará». El otro miente: «Dios lo ha dejado». Uno habla el lenguaje del paraíso, el otro engaña en el vernáculo de los jebuseos. Uno proclama la fuerza de Dios. El otro muestra las fallas que usted tiene. Uno anhela formarlo, el otro busca destrozarlo. Y aquí tenemos la gran noticia: Usted selecciona las voces que escucha. ¿Por qué escuchar a los que se burlan? ¿Por qué prestarles atención? ¿Por qué dar oído a idiotas y burlones cuando, con la misma oreja, puede escuchar la voz de Dios?

Haga lo que hizo David. Vuélvase sordo a las viejas voces. Y abra los ojos a las nuevas opciones. Cuando todos los demás vieron murallas, David vio túneles. Los otros se concentraron en lo obvio. David buscó lo inusual. Desde que hizo lo que ninguno esperó, logró lo que ninguno imaginó. Manténgase creativo con su problema a solucionar.

Conozco a una joven pareja que luchó contra la tentación sexual. Querían guardar el sexo para la luna de miel, pero no sabían si iban a poder. Entonces, hicieron lo que hizo David. Intentaron un enfoque diferente. Pidieron el apoyo de una pareja casada. Pusieron su teléfono en la lista de urgencias y les pidieron permiso para llamarlos, sin preocuparles la hora, cuando la tentación fuese grave. La muralla era alta, pero ellos tomaron el túnel.

Tuve un amigo que luchaba con la muralla del alcohol. Probó una táctica nueva. Me dio permiso a mí y a otros para pegarle en la nariz si lo veíamos tomando. La muralla era demasiado alta, entonces probó con el túnel.

Una mujer contrarresta su ansiedad memorizando largas secciones de las Escrituras. Un representante comercial le pide al personal del hotel retirar la televisión de su habitación; de esa manera, no se tentará con películas para adultos. Otro hombre estaba tan cansado de sus prejuicios en un pequeño vecindario, que hizo nuevos amigos y cambió su actitud.

Si la muralla es muy alta, pruebe con el túnel.

David encontró nuevas esperanzas en una cavidad fuera de las murallas de Jerusalén. Entonces usted puede. No muy lejos de los túneles de David se encuentra la tumba de Cristo. Lo que hizo el túnel de David por él, la tumba de Jesús puede hacer por usted. «Y cuán incomparable es la grandeza de su poder a favor de los que creemos. Ese poder es la fuerza grandiosa y eficaz que Dios ejerció en Cristo cuando lo resucitó de entre los muertos y lo sentó a su derecha en las regiones celestiales» (Efesios 1.19-20).

Haga lo que hizo David.

Vuélvase una oreja sorda a las antiguas voces.

Abra muy grande los ojos a las nuevas opciones.

Usted, quién sabe, podría ser un orador de *sin embargo*. Dios ama a esas personas.

Le dio uno a Pedro. ¿Lo recuerda? El que hablaba y pensaba después. Dios lo liberó de la fortaleza de Satanás en su lengua. Para prueba, lea el sermón de Pentecostés de Pedro en Hechos 2. Dios cambió al impetuoso Pedro en el apóstol Pedro (Lucas 22.54-62).

¿Y José, el fracasado? Su familia lo echó. Su empleador lo mandó a la cárcel... ¿Podrá alguna vez lograr algo? José lo hizo. Fue Primer Ministro de Egipto (Génesis 37-50).

¿Y qué hay sobre la mujer que se divorció cinco veces? Jesús disciplinó a aquella que se deshacía de los hombres. En el último informe, estaba dedicándose por completo a Cristo. La mujer samaritana fue la primera misionera de Jesús (Juan 4.1-42). Otras pruebas: «Las armas con que luchamos no son del mundo, sino que tienen el poder divino para derribar fortalezas» (2 Corintios 10.4).

Pedro negó a Jesús.

José fue a prisión en Egipto.

La mujer samaritana se había casado cinco veces.

A Jesús lo mataron...

Sin embargo: Pedro predicó, José dirigió, la mujer compartió, Jesús se levantó, y ¿usted? Complételo. Su *sin embargo* espera.

13

DEIDAD DISTANTE

UN HOMBRE MUERTO y uno danzando. Uno extendido en el suelo y otro saltando en el aire. El hombre muerto es Uza, el sacerdote. El hombre danzante es David, el rey. Los lectores de 2 Samuel no entienden la situación.

Pero un pequeño antecedente lo ayudará.

La muerte del primero y la danza del segundo tenían que ver con el Arca de la Alianza, una caja rectangular encargada por Moisés. El cofre no era grande: un metro veinte de alto, y setenta centímetros de ancho. Un trío de los preciosos artefactos hebreos estaba dentro del arca: un vaso de oro de fresco maná; la vara que ayudaba a Aarón a caminar, que había echado brotes suficientemente antes de que fuera cortada; y las preciosas tablillas de piedra que sintieron el dedo que grababa de Dios. Un pesado propiciatorio de oro servía como tapa del cofre. Dos querubines de oro, con alas extendidas, que se enfrentaban y miraban hacia abajo, a la tapa, representaban la majestuosidad de Jehová mirando sobre la ley y las necesidades de la gente. El arca simbolizaba la provisión de Dios (el maná), el poder de Dios (la vara), los preceptos de Dios (los mandamientos) y por sobre todo, la presencia de Dios.

Durante la era del templo, sólo el sumo sacerdote tenía acceso al arca, y una vez al año. Después de ofrecer sacrificios personales de representación, entraba al *sanctum sanctorum* (el lugar más sagrado del tabernáculo) con, de acuerdo a la leyenda, una cuerda sujeta a su tobillo, para que por medio de esta, si llegaba a morir en presencia de Dios, pudiera ser sacado.

¿Podría alguien exagerar el significado del arca? Casi nadie. ¿Cuán precioso sería para nosotros el pesebre en el cual Jesús nació? ¿Y la cruz? Si tuviéramos la cruz real en la cual fue crucificado, ¿no la protegeríamos? Seguramente pienso que sí.

Por eso nos preguntamos por qué los israelitas no atesoraron el Arca de la Alianza. Permitieron que juntara polvo durante treinta años dejándola al cuidado de un sacerdote que vivía once kilómetros al oeste de Jerusalén. Estuvo abandonada, ignorada. Pero recién coronado, David determina cambiar esa situación. Después de haberse situado en la ciudad de Jerusalén, organiza el regreso del cofre como prioridad principal. Planea un desfile como los que hace la tienda *Macy's*, invitando a asistir a 30.000 hebreos.

Se juntan cerca de la casa de Abinadab, el sacerdote. Sus dos hijos,[23] Uza y Ajío, están a cargo del transporte. Cargan el arca sobre una carreta tirada por bueyes y comienzan la marcha. Con el toque de trompetas, estallan los cánticos, y todo está bien en los primeros tres kilómetros, hasta que en un momento dado los bueyes tropiezan, la carreta se sacude y el arca se mueve. Uza, pensando que el cofre sagrado está por caerse, extiende sus manos para sujetarlo y «murió» (2 Samuel 6.7).

Con esto, el desfile termina realmente rápido. Todo el mundo se retira a sus casas. Profundamente angustiado, David retorna a Jerusalén. El arca es mantenida en la casa de Obed Edom, mientras David da las explicaciones pertinentes. Aparentemente con éxito, porque al cabo de tres meses David retorna, pide el arca y reanuda el desfile. Este no es tiempo de muerte. Hay baile. David entra en Jerusalén «vestido tan sólo con un efod de lino, se puso a bailar ante el Señor con gran entusiasmo» (v. 14).

Dos hombres: uno muerto, el otro bailando. ¿Qué nos enseña? Específicamente, ¿qué nos enseña acerca de invocar la presencia de Dios? «Aquel día David se sintió temeroso del Señor y exclamó: "¡Es mejor que no me lleve el arca del Señor!"» (2 Samuel 6.9).

La tragedia de Uza nos enseña esto:
Dios llega según sus propios términos.

En la historia de David y sus gigantes, este es un tema de proporciones gigantescas. ¿Es Dios una deidad distante? Las madres se preguntan asombradas: «¿Cómo puede la presencia de Dios acercarse a mis hijos?» Los padres reflexionan: «¿Cómo puede la presencia de Dios llenar mi casa?» Las iglesias desean la conmovedora ayuda, la curativa presencia de Dios entre ellas.

¿Cómo viene la presencia de Dios hacia nosotros?

¿Deberíamos encender una vela, entonar cánticos, construir un altar, liderar un comité, entregar un barril lleno de dinero? ¿Qué invoca la presencia de Dios? Uza y David combinan muerte y danza, para revelar una respuesta.

La tragedia de Uza nos enseña esto: *Dios llega según sus propios términos*. Había dado instrucciones específicas respecto de cómo transportar y cuidar el arca. Sólo los sacerdotes podían estar cerca de ella. Y luego, sólo después de que ellos ofrecieran sacrificios por ellos mismos y por sus familias (véase Levítico 16), el arca podía ser levantada, no con las manos, sino con palos de acacia. Los sacerdotes recorrieron un largo trecho transportándola a través de los aros que se encontraban en las esquinas. «Entonces vendrán los coatitas para transportar el santuario, pero sin tocarlo para que no mueran... A los coatitas no les dio nada, porque la responsabilidad de ellos era llevar las cosas sagradas sobre sus propios hombros» (Números 4.15; 7.9).

Uza debería haberlo sabido. Era sacerdote, coatita, descendiente del mismo Aarón. El arca había sido guardada en la casa de su padre Abinadab. Él había crecido allí, lo que podría explicar mejor sus acciones.

Sabe que el rey quiere el cofre y dice. «Seguro, puedo hacerlo. Lo tenemos atrás en el establo. Vamos a cargarlo». Lo santo se convierte en rutina. Lo sagrado, en secundario. Entonces cambia las órdenes que le convienen y utiliza una carreta en lugar de palos y bueyes en lugar de sacerdotes. No vemos obediencia ni sacrificio. Vemos conveniencia.

Dios está enfadado.

Pero ¿tenía que matar a Uza? ¿Tenía que tomar su vida?

Le hice la misma pregunta a Joe Shulam. Joe creció en Jerusalén, estudió en una universidad rabínica y todavía vive en Israel. Es un hombre que entiende profundamente el Antiguo Testamento. Mi grupo y yo nos encontramos con él en un aeropuerto de Israel, y de ahí partimos rumbo a Jerusalén, pasando antes por las cercanías del lugar donde murió Uza. «La pregunta —opinó Joe— no es por qué Dios mató a Uza, sino por qué nos permite a nosotros vivir».

No se relaje ante lo sagrado.

A juzgar por el número de iglesias muertas y corazones fríos, no estoy muy seguro de eso.

La imagen de Uza muerto nos envía un serio y escalofriante aviso a todos aquellos que podemos asistir a iglesias con la frecuencia que deseamos y participar de la comunión en cualquier momento que queramos. El mensaje: No se relaje ante lo sagrado. Dios no tiene que ser cargado en carretas o arrastrado por animales de acuerdo con nuestra conveniencia. No lo confunda con un genio que aparece con un frotamiento o un mayordomo que aparece al sonido de una campanada.

Dios se hace presente, imagínese. Pero viene en sus propios términos. Viene cuando se siguen las instrucciones con cuidado, cuando los corazones están limpios y se ha realizado la confesión.

Pero ¿qué hay sobre la segunda figura? ¿Cuál es el mensaje del hombre danzando?

La respuesta inicial de David sobre la muerte de Uza es cualquier cosa menos alegría. Se retira a Jerusalén confundido y doliente, «David se enojó porque el Señor había matado a Uza» (1 Crónicas 13.11). Tres meses pasan antes de que David retorne por el arca. Lo hace con un protocolo diferente. El sacrificio reemplaza a la comodidad. Los levitas se preparan «para transportar el arca del Señor, Dios de Israel. Luego los descendientes de los levitas, valiéndose de las varas, llevaron el arca de Dios sobre sus hombros, tal como el Señor lo había ordenado por medio de Moisés» (1 Crónicas 15.14-15).

Dios se hace presente cuando los corazones están limpios y se ha realizado la confesión.

Nadie se apura. «Apenas habían avanzado seis pasos los que llevaban el arca cuando David sacrificó un toro y un ternero engordado» (2 Samuel 6.13). Cuando David nota que Dios no está enojado, ofrece un sacrificio y ____________________. Seleccione la respuesta correcta de las siguientes oraciones:

a. Se arrodilla ante el Señor.
b. Cae abatido ante el Señor.
c. Inclina su cabeza ante el Señor.
d. Baila con toda su fuerza ante el Señor.

Si su respuesta fue «d», gana entonces un pase a la plaza de baile de la iglesia. David baila «con todas sus fuerzas» ante el Señor (v. 14). Da vueltas, da patadas hacia arriba. Gira, salta. Esto no es precisamente el sonido del «tap» de sus pies o el balanceo de su cabeza. El término hebreo describe a David rotando en círculos, brincando y saltando. Olvide los obligatorios valses o el arrastre de pies. David, el que mató al gigante, se convierte en un experto del paso rápido. Es aquel que en Dublín, el Día de San Patricio, salta y baila a la cabeza del desfile.

Y si eso no fuese suficiente, se quita el efod, la vestimenta de lino de sacerdote que lo cubre de la misma manera que una camiseta. Justo ahí, frente a Dios, al altar y a todos los demás, David se quita todo menos su sagrada ropa interior (imagínese al presidente escapando del Salón Oval y tomando la avenida Pensilvania en ropa interior).

David baila y nosotros nos hundimos. Nosotros retenemos la respiración. Sabemos lo que está por venir. Leemos sobre Uza. Sabemos lo que Dios hace con los que son irreverentes y demasiado confiados. Aparentemente David no estaba prestando atención. Pero aquí lo tenemos, ante la completa presencia de Dios y de los hijos de Dios, dando brincos en ropa interior. Sostenga su respiración y llame al servicio fúnebre. Es demasiado, rey David. Prepárate para ser frito, flambeado o cocinado.

Pero nada de eso ocurre. El cielo está en silencio y David sigue dando vueltas, y nosotros quedamos preguntándonos: ¿No le molesta la danza a Dios? ¿Qué tiene David que Uza no tuvo? ¿Por qué el Padre del paraíso no se enfadó?

Por la misma razón que no me enojé yo. Mis hijas ahora no lo hacen, pero cuando eran pequeñas, danzaban cuando yo llegaba a casa. Mi auto en el camino de la entrada era la señal para que comenzase la banda a tocar. «¡Papi está aquí!», exclamaban asomándose a la puerta. Y ahí mismo, en la entrada, bailaban llenas de fantasía, de una manera muy llamativa. Con chocolate en sus caras y pañales, se paseaban para que todos los vecinos las viesen.

¿Eso me molestaba? ¿Me enojaba? ¿Me interesaba lo que la gente pensaba? ¿Les decía que se comportaran de una manera más madura? Absolutamente no.

¿Le dijo Dios a David que se comportara mejor? No. Le permitió danzar.

Las Escrituras no muestran a David danzando en ningún otro momento. No bailó sobre Goliat. Nunca se paseó entre los filisteos. Nunca inauguró su período como rey con un vals o se consagró a Jerusalén en un salón de baile. Pero cuando Dios llegó a la ciudad, no pudo siquiera sentarse.

Quizá Dios se pregunta cómo nos comportaríamos. ¿No nos divierte lo que quería David, la presencia de Dios? Jesús prometió: «Y les aseguro que estaré con ustedes siempre, hasta el fin del mundo» (Mateo 28.20). ¿Cuánto hace que desenrollamos la alfombra y celebramos por eso?

¿Qué supo David que nosotros no sabemos? ¿Qué recordó David que nosotros olvidamos? En una oración, podría ser esto:

El regalo de Dios es su presencia.

Su mayor obsequio es sí mismo. Los atardeceres roban nuestra respiración. «El Caribe azul» acalla nuestros corazones. Los bebés recién nacidos despiertan nuestras emociones. Amores que perduran toda la vida adornan con piedras preciosas nuestra existencia. Pero saque fuera todo eso, los atardeceres, los océanos, el arrullo de

---

El regalo de Dios es su presencia.

---

los bebés y los tiernos corazones, y quedémonos en el Sahara, tenemos aún razones para bailar en la arena. ¿Por qué? Porque Dios está con nosotros.

Esto debe ser lo que David supo. Y esto debe ser lo que Dios quiere que nosotros sepamos. No estamos solos. Nunca jamás.

Un corazón reverente y unos pies danzantes pueden pertenecer a la misma persona.

Dios lo ama mucho como para dejarlo solo, y no lo hace. No lo ha dejado sólo con sus temores, sus preocupaciones, sus enfermedades o su muerte. Entonces quítese de encima las inhibiciones y diviértase.

¡Y haga fiesta! «Bendijo al pueblo en el nombre del Señor Todopoderoso, y a cada uno de los israelitas que estaban allí congregados, que eran toda una multitud de hombres y mujeres, les repartió pan, una torta de dátiles y una torta de uvas pasas» (2 Samuel 6.18-19). Dios está con nosotros. Esta es una razón para celebrar.

Uza, parece, falló en eso. Tenía la visión de un dios pequeño, un dios que cabía en la caja y necesitaba ayuda con su balanceo. Por ese motivo no estaba preparado para Él. No se purificó para encontrarse con lo sagrado; no ofreció sacrificios, no observó sus peticiones. Olvidar los arrepentimientos y la obediencia: cargar a Dios en la caja de la carreta y permitir que lo transportaran.

O, en nuestro caso, vivir como en el infierno durante seis días y aprovechar la gracia del domingo. O a quién le importa en lo que cree, sólo use una cruz alrededor del cuello para la buena suerte. O prenda una pocas velas y realice unos pocos rezos y ponga a Dios de su lado.

El cuerpo sin vida de Uza nos advierte sobre ese tipo de irreverencias. El no sobrecogimiento ante Dios conduce a la muerte del hombre. Dios no será evocado, persuadido u ordenado. Él es un Dios personal que ama, cura, ayuda e interviene. No responde a pócimas o a eslóganes inteligentes. Él busca más. Busca reverencia, obediencia y a los corazones que están hambrientos de Dios.

Y cuando los ve, ¡viene! Y cuando viene, permite que la orquesta empiece. Sí, un corazón reverente y unos pies danzantes pueden pertenecer a la misma persona.

David tenía ambas cosas.

Nosotros podríamos tener lo mismo.

Por otra parte, ¿recuerda lo que le comenté sobre mis hijas bailando con sus pañales y amplias sonrisas? Bien, yo solía bailar con ellas. ¿Usted piensa que me sentaba a un costado y que me perdía la diversión? No señor. Las tomaba a las dos, es más, a las tres a la vez, y bailaba girando con ellas. Ningún padre pierde la oportunidad de bailar con sus hijos (me pregunto si David habría tenido con quien bailar).

14
PROMESAS DURAS

La vida del rey David no pudo ser mejor. Recién coronado, la habitación donde estaba su trono olía a pintura fresca y el arquitecto de su ciudad trazaba nuevos barrios. El arca de Dios estaba localizada dentro del tabernáculo, plata y oro desbordaban los fondos del rey y los enemigos de Israel mantenían su distancia. Los días en que tenía que eludir a Saúl eran recuerdos distantes.

Pero algo removió uno de ellos. Un comentario, quizás, hizo renacer una vieja conversación. Quizás una cara familiar lo condujo a una antigua promesa. En medio de su nueva vida, David recuerda una promesa de su viejo amigo: «El rey David averiguó si había alguien de la familia de Saúl a quien pudiera beneficiar en memoria de Jonatán» (2 Samuel 9.1).

La confusión arrugó las caras en la corte de David. ¿Por qué preocuparse por el hijo de Saúl? Esta es una nueva era, una nueva administración. ¿Quién se preocupa por la vieja guardia? David. Y lo hace porque recuerda un pacto que hizo con Jonatán. Cuando Saúl amenazó con matarlo, Jonatán buscó salvarlo. Jonatán tuvo éxito y entonces le hizo este pedido a David: «Y si todavía estoy vivo cuando el Señor te muestre su bondad, te pido que también tú seas bondadoso conmigo y no dejes que me maten. ¡Nunca dejes de ser bondadoso con mi familia, aun cuando el Señor borre de la faz de la tierra a todos tus enemigos!» (1 Samuel 20.14-15)

Jonatán efectivamente muere. Pero el pacto de David no se cumple. Nadie hubiera pensado dos veces que él no cumpliría con su promesa. David tiene muchas razones para olvidar el voto hecho a Jonatán.

Los dos eran jóvenes e idealistas. ¿Quién mantiene una promesa de la juventud?

Saúl fue cruel e implacable. ¿Quién honra a los niños minusválidos?

David tiene una nación que gobernar y un ejército por dirigir. ¿Qué rey tiene tiempo para asuntos menores?

Pero para David, un pacto no es un tema menor. Cuando catalogue al gigante al que David se enfrentó, asegúrese de que la palabra *promesa* sobreviva en su corta lista. Seguramente aparece en la mayoría de las listas de aquellos que quieran desafiar al Everest.

El esposo de la mujer deprimida conoce el desafío de una promesa. Como diariamente ella se tropieza con una oscura neblina, él se pregunta qué le ocurrió a la muchacha con la que se casó. ¿Usted puede mantener una promesa como esa en el tiempo?

La esposa de un marido tramposo se interroga lo mismo. Él está de vuelta y le pide disculpas. Ella está herida y se pregunta: «Rompió su promesa... ¿Debo mantener la mía?»

Los padres se han hecho este tipo de preguntas. Los padres de hijos pródigos. Padres de fugitivos. Padres de minusválidos y discapacitados.

Incluso los padres de hijos saludables se preguntan cómo mantener una promesa. Los momentos de la luna de miel y las noches tranquilas están enterrados bajo montañas de pañales sucios y noches cortas.

Las promesas entre las flores de primavera se marchitan en los días grises del invierno: parecen tener las medidas de Gulliver en nuestra vida liliputiense. No escapamos a su sombra. David, parece, no intentó escapar.

Las promesas entre las flores de primavera se marchitan en los días grises del invierno.

Encontrar a un descendiente de Jonatán no parecía fácil. Nadie en el círculo de David conocía a uno. Los consejeros le preguntaron a Siba, un ex servidor de Saúl, si conocía a algún sobreviviente de la familia de Saúl. Y fíjese muy bien en la respuesta: «Sí, Su Majestad. Todavía le queda a Jonatán un hijo que está tullido de ambos pies, le respondió Siba» (2 Samuel 9.33).

Siba no menciona el nombre, sólo describe que el muchacho es lisiado. Sentimos una renuncia ligera y velada en sus palabras. «Tenga cuidado, David. Él no es, ¿cómo decirlo?, apropiado para el palacio. Debería pensar dos veces en mantener su promesa...»

Siba no da detalles sobre el muchacho, pero el cuarto capítulo de 2 de Samuel sí. La persona en cuestión es el primer hijo de Jonatán, Mefiboset (¡qué nombre tan importante! ¿Necesita ideas sobre cómo llamar a su hijo recién nacido? Pruebe con Siba y Mefiboset, se destacarán en la clase).

Cuando Mefiboset tenía cinco años, su padre y su abuelo murieron en manos de los filisteos. Conociendo su brutalidad, la familia de Saúl se encaminó a las colinas. La niñera de Mefiboset lo secuestró y huyó, luego tropezó y el niño se rompió ambas piernas, lo que lo convirtió en un lisiado de por vida. Los sirvientes que escaparon lo llevaron a través del río Jordán a un pueblo inhóspito, llamado Lodebar. El nombre significa «sin pasturas». Imagínese una zona poco rentable del desierto de Arizona. Mefiboset se escondió allí, primero por temor a los filisteos y después por temor a David.

Recopile los tristes detalles de la vida de Mefiboset:

- Legítimo heredero del trono.
- Victimizado por una caída.
- Dejado discapacitado en tierra extranjera, donde vivió con temor a la muerte.
- Victimizado, aislado, incapacitado, inculto.

¿Está usted seguro? Insinuantes réplicas de Siba. «¿Está seguro de querer a alguien como ese niño en su palacio?»

David está seguro.

Los sirvientes conducen una alargada limusina a través del río Jordán y golpean en la puerta de la choza. Le explican su presencia allí, cargan a Mefiboset en el auto y lo introducen en el palacio. El niño supone lo peor. Se hace presente ante David con el entusiasmo de un preso de un pabellón de la muerte que entra en la habitación donde le colocarán la inyección letal.

El niño se inclina con gran temor, y dice:

«¿Y quién es este siervo suyo, para que Su Majestad se fije en él? ¡Si no valgo más que un perro muerto! Pero David llamó a Siba, el administrador de Saúl, y le dijo: Todo lo que pertenecía a tu amo Saúl y a su familia se lo entrego a su nieto Mefiboset... En cuanto al nieto de tu amo, siempre comerá en mi mesa» (9.8-10).

Más rápido de lo que usted pueda decir Mefiboset dos veces, es ascendido de Lodebar a la mesa del rey. Adiós oscuridad. Hola a la realeza y a los bienes. Note que David pudo haber enviado dinero a Lodebar. Con un envío anual durante su vida hubiera cumplido su promesa. Pero le dio a Mefiboset más que una pensión, le dio un lugar, un lugar en la mesa real.

Fíjese atentamente en el portarretrato colgando sobre la chimenea de David; verá al graduado de la escuela secundaria de Lodebar sonriendo sinceramente. David, sentado en el trono, en el centro, flanqueado por varias de sus mujeres. Justo enfrente el bronceado y bien parecido Absalón, a la derecha, cerca de la extremadamente bella Tamar, bajando en la hilera, al lado del estudioso de Salomón, verá a Mefiboset, el nieto de Saúl e hijo de Jonatán, inclinado sobre sus muletas y sonriendo como si hubiera ganado la lotería de Jerusalén.

Lo que efectivamente ocurrió fue que el niño que no tenía piernas con que pararse, tenía todo por lo que vivir. ¿Por qué? ¿Por qué impresionó a David? ¿Lo convenció? ¿Lo coaccionó? No, Mefiboset no hizo nada de eso. A David lo movió una promesa. El rey actúa con amabilidad no porque el niño lo merezca, sino porque la promesa es duradera.

Para más pruebas, siga la vida de Mefiboset. Se recuesta en el bastón y desaparece de las Escrituras durante quince años o algo así. Y vuelve a la superficie entre el drama de la rebelión de Absalón.

Absalón, un rebelde y perverso chico, fuerza a David a escapar de Jerusalén. El rey huye en desgracia sólo con unos pocos y fieles amigos. ¿Adivine quién está entre ellos? ¿Mefiboset? Pensé que usted supuso eso. Pero no es él. Siba sí. Siba le dice a David que Mefiboset se ha puesto del lado del enemigo. David no responde. La historia progresa, Absalón perece y David retorna a Jerusalén, donde Mefiboset le da al rey otra versión de los hechos. Lo encuentra, a David, con una barba descuidada y la ropa hecha trizas, con la apariencia de una persona afligida. Siba, le explica, lo había abandonado en Jerusalén y sin lugar en un caballo, tuvo que viajar.

Dios establece el estándar para mantener un pacto.

¿Quién está diciendo la verdad? ¿Siba o Mefiboset? Uno está mintiendo. Pero ¿cuál? No lo sabemos. No lo sabemos porque David nunca lo pregunta. Y no lo pregunta nunca porque no le interesa. Si Mefiboset dice la verdad, se queda en el palacio. Si miente, se queda en el palacio. Su lugar allí depende no de su comportamiento, sino de la promesa que hizo David.

¿Por qué? ¿Por qué David es tan leal? ¿Y cómo? ¿Cómo puede ser tan leal? Si fuese posible preguntarle a David cómo cumplir su promesa gigante, nos llevaría de su historia a la de Dios. Dios establece el estándar para mantener un pacto.

Como Moisés les dice a los israelitas:

> «Reconoce, por tanto, que el Señor tu Dios es el Dios verdadero, el Dios fiel, que cumple su pacto generación tras generación, y

muestra su fiel amor a quienes lo aman y obedecen sus mandamientos» (Deuteronomio 7.9).

Dios hace promesas y nunca las rompe. La palabra que en hebreo se utiliza para pacto es *beriyth*, que significa «un solemne acuerdo de fuerzas vinculadas».[24] Su irrevocable pacto corre como un hilo escarlata a través del tapiz de las Escrituras. ¿Recuerda su promesa a Noé?

> «"Éste es mi pacto con ustedes: Nunca más serán exterminados los seres humanos por un diluvio; nunca más habrá un diluvio que destruya la tierra". Y Dios añadió: "Ésta es la señal del pacto que establezco para siempre con ustedes y con todos los seres vivientes que los acompañan: He colocado mi arco iris en las nubes, el cual servirá como señal de mi pacto con la tierra. Cuando yo cubra la tierra de nubes, y en ellas aparezca el arco iris"» (Génesis 9.11-14).

Su irrevocable pacto corre como un hilo escarlata a través del tapiz de las Escrituras.

Cada arco iris nos recuerda el pacto con Dios. Curiosamente, los astronautas, que han visto el arco iris desde el espacio, cuentan que está formado por un círculo completo.[25] La promesa de Dios está igualmente intacta y no tiene fin.

Abraham puede hablarle sobre las promesas. Dios le dijo a su patriarca que contar las estrellas y contar sus descendientes sería el mismo desafío. Para asegurar el juramento, Dios le hizo cortar a Abraham por la mitad varios animales. Para sellar el acuerdo en el

Este antiguo, el hacedor de promesas pasó por entre animales muertos divididos por la mitad, ofreciendo encontrarse con el mismo resultado si rompía su palabra.

«A medida que el sol caía y se volvía oscuro, Abraham vio el humo y la llamarada de una hornilla pasando por entre las mitades de los cadáveres. Entonces el Señor hizo un pacto con Abraham ese día y dijo: "A tus descendientes les daré esta tierra, desde el río de Egipto hasta el gran río, el Éufrates"» (15.17-18).

Dios toma las promesas muy en serio y las sella en forma dramática. Considere el caso de Oseas. Setecientos años antes del nacimiento de Jesús, Dios le encomendó casarse con una prostituta llamada Gomer (si su profesión no le dice nada, quizá su nombre sí). Oseas obedeció. Gomer dio a luz a tres niños, ninguno de los cuales era hijo de Oseas. Gomer abandonó a Oseas por una vida equivalente a la de una prostituta que se contrata por teléfono en un club nocturno. Pero lo más degradante aparece en una subasta, donde los hombres ofrecen dinero, como ocurría con los esclavos. Los hombres pequeños la hubieran rechazado. No Oseas, que saltó en la subasta, compró a su mujer y la llevó a su casa nuevamente. ¿Por qué? Aquí está la explicación de Oseas.

> «Me habló una vez más el Señor, y me dijo: "Ve y ama a esa mujer adúltera, que es amante de otro. Ámala como ama el Señor a los israelitas, aunque se hayan vuelto a dioses ajenos y se deleiten con las tortas de pasas que les ofrecen". Compré entonces a esa mujer por quince monedas de plata» (Oseas 3.1-2).

¿Necesita una imagen de cómo se mantiene una promesa a Dios? Mire a Oseas, cómo compra y lleva de vuelta a su mujer. Observe la hornilla que pasaba quemándose entre los animales. Mire el arco iris. O, mire a Mefiboset. Usted nunca ha sido presentado como Mefiboset de Lodebar, pero podría. Recuerde los detalles de su desastre. Él era:

- El legítimo heredero del trono.
- Fue victimizado por una caída.
- Y discapacitado, quedó en tierra extranjera, donde vivió bajo el temor a la muerte.

¡Esa es la historia suya! ¿Usted no nació como el hijo del rey? ¿A usted no lo dejaron inestable a causa de un tropiezo de Adán y Eva? ¿Quién entre nosotros no ha vagado por las arenas secas de Lodebar?

Pero luego vino el mensajero del palacio. Un maestro de cuarto grado, un amigo de la escuela secundaria, una tía, un predicador de la televisión. Ellos llegaron con noticias importantes y una limusina. «No lo vas a poder creer —anunciaron—, pero el rey de Israel tiene un lugar para ti en su mesa. El nombre en el plato está impreso y la silla, vacía. Te quiere en su familia».

¿Por qué? ¿A causa de su cociente intelectual? Dios no necesita consejero.

¿A causa de su cuenta jubilatoria? Para Dios eso no vale nada.

¿Por sus habilidades organizacionales? Seguro, el arquitecto de órbitas necesita sus consejos.

Disculpe, Mefiboset. Su invitación no tiene nada que ver con usted y sí con Dios. Él hizo la promesa de darle vida eterna. «Dios, que no miente, ya lo había prometido antes de la creación» (Tito 1.2).

Su vida eterna, la ha causado un convenio, la asegurado un convenio y se ha basado en un convenio. Usted puede poner a Lodebar en

Su vida eterna, la ha causado un convenio, ha asegurado un convenio y se ha basado en un convenio.

el espejo retrovisor, por una razón: Dios mantiene sus promesas. ¿No debería la promesa de Dios inspirar las suyas?

El cielo sabe que usted puede usar alguna inspiración. La gente puede hacer que se sienta exhausto. Y existen oportunidades en las que todo lo que haga no sea suficiente. Cuando un cónyuge elige partir, no podemos forzarlo a quedarse. Cuando un cónyuge es abusador, no deberíamos quedarnos con él. El mejor amor puede no ser correspondido. No intento, en ningún momento, minimizar los retos a los que se enfrenta.

Usted está cansado, está enojado, no está de acuerdo. Ese no es el matrimonio que esperaba o la vida que quería. Pero las apariciones amenazadoras de su pasado están dentro de las promesas que usted hizo. ¿Puedo instarlo a que haga todo lo posible por mantenerlo? ¿Darle una oportunidad más?

¿Por qué debería? Para que entienda la profundidad del amor de Dios.

Cuando ama al que no es fácil de amar, tiene un destello de lo que Dios hace por usted. Cuando deja la luz del porche encendida, para el hijo pródigo; cuando hace lo correcto aunque a usted le hayan hecho lo incorrecto; cuando ama al débil y enfermo; usted hace lo que Dios hace en cada momento. Los pactos lo mantienen inscrito en el postgrado de la escuela del amor divino.

¿Es por eso que Dios le ha dado este desafío? Cuando ama a los mentirosos, tramposos y rompecorazones, ¿no está haciendo lo que Dios hizo por nosotros? Preste atención y tome nota de sus luchas. Dios lo invita a entender su amor.

También quiere que lo ilustre.

David lo hizo con Mefiboset: es la parábola caminante de la lealtad a Dios. Oseas hizo lo mismo con Gomer: almacenó devoción divina. Mi madre lo hizo con mi padre. La recuerdo cuidándolo en sus últimos meses de vida. Una esclerosis progresiva paralizó su vida, a causa de la degeneración de cada músculo de su cuerpo. Y ella hizo por él

---

Cuando ama al que no es fácil de amar,
tiene un destello de lo que Dios hace por usted.

---

lo que las madres hacen por sus hijos. Lo bañaba, alimentaba y vestía. Ubicó una cama de hospital en una habitación de nuestra casa, y cumplía con su misión. Si se quejaba, nunca la escuché. Si fruncía el entrecejo, nunca la vi. Lo que sí escuché y vi, fue que mantuvo su promesa intacta. Sus acciones comunicaban «Esto es lo que Dios hace», mientras empolvaba el cuerpo de mi padre, lo afeitaba y lavaba sus sábanas. Ella era el modelo del poder de una promesa que se mantiene.

Dios lo llama a hacer lo mismo. Ilustre el amor terco. Encarne la fidelidad. Dios le está dando la oportunidad del tamaño de Mefiboset para mostrarles a sus hijos y a sus vecinos lo que el amor real hace.

Imagínese, quién sabe, alguien podría contarle su historia de lealtad para ilustrar la lealtad de Dios.

Un pensamiento final. ¿Recuerda la familia en el portarretratos del palacio de David? Dudo que David tuviese uno. Pero creo que el cielo podría. ¿No sería grandioso ver su rostro en la fotografía? Compartir el marco con gente como Moisés y Marta, Pedro y Pablo… Estarían usted y Mefiboset, y él no sería el único que sonriese.

15

AIRE DE ALTIVEZ

USTED PUEDE ESCALAR demasiado alto por su propio bien. Es posible ascender demasiado lejos, pararse demasiado alto y elevarse demasiado.

Usted puede escalar demasiado alto por su propio bien.

Pero si permanece demasiado tiempo en las alturas, dos de sus sentidos lo sufrirán. Sus oídos se embotan. Es difícil escuchar cuando se está mucho más alto que los demás. Las voces se perciben distantes, las frases parecen apagadas. Y cuando se encuentra ahí arriba, su vista se enturbia. No es fácil enfocar a la gente cuando se está muy lejos de ella. Parecen demasiado pequeños, diminutas figuras sin rostros. Puede apenas distinguir uno del otro, pues todos parecen iguales.

No los escucha ni los ve: está sobre ellos.

Es donde está exactamente David. Nunca estuvo más alto. La ola de su éxito tocó su punto más alto a la edad de cincuenta. El país es próspero. En dos décadas en el trono, se ha distinguido como guerrero, músico, estadista y rey. Su gabinete es fuerte y su frontera se extiende por 100.000 kilómetros cuadrados. Sin derrotas en el campo de batalla, sin imperfecciones en su administración, la gente lo ama, sus soldados le sirven, la multitud lo ama. Sin precedentes, David está en su nivel más alto.

Por el contrario, está muy lejos de como lo encontramos en el Valle de Elah. De rodillas en el arroyo, buscando cinco piedras lisas, mientras todos los demás están de pie: los soldados de pie, sus hermanos de pie. Los otros eran altos, David era bajo; panza abajo en la parte más baja del valle. Nunca más bajo, nunca más fuerte.

Pero tres décadas más tarde, su situación se revierte. Nunca más alto ni nunca más débil. David se para en el punto más alto de su vida, en la parte más alta de su reinado, en la parte más alta de la ciudad, en el balcón, mirando Jerusalén.

Debería estar con sus hombres, en la lucha contra sus adversarios, a horcajadas en su corsario. Pero no, está en su casa.

> «En la primavera, que era la época en que los reyes salían de campaña, David mandó a Joab con la guardia real y todo el ejército de Israel para que aniquilara a los amonitas y sitiara la ciudad de Rabá. Pero David se quedó en Jerusalén» (2 Samuel 11.1).

Es primavera en Israel, las noches son cálidas y el aire es dulce. David tiene tiempo en sus manos, amor en su mente y gente a su disposición.

Sus ojos se posan en una mujer cuando se baña. Nos preguntaremos siempre si Betsabé se estaba bañando en un lugar donde no debería bañarse, esperando que David la observase, en el lugar donde no debería haberla observado. Nunca lo sabremos. Pero sabemos que mira y que ve algo que le gusta. Entonces pregunta sobre ella, y un sirviente retorna con la información. «Se trata de Betsabé, que es hija de Elián y esposa de Urías el hitita» (v. 3). El sirviente entrega la información con un aviso. Le da no sólo el nombre de la mujer, sino también su estado civil y el nombre de su marido. ¿Por qué decirle a David que estaba casada, si no es para advertirlo? ¿Y por qué darle el nombre del marido, si no le fuera a David familiar?

Las probabilidades están, David conocía a Urías. El sirviente espera con habilidad disuadir al rey. Pero David elude la indirecta. El siguiente versículo lo describe: «Entonces David ordenó que la llevaran a su presencia, y cuando Betsabé llegó, él se acostó con ella» (v. 4).

David «envía» muchas veces en esta historia. *Envía* a Joab a la batalla (v. 1). *Envía* a un sirviente a preguntar sobre Betsabé (v. 3). Tuvo que haber *enviado* mensajes para Betsabé ordenando que se dirigiese hacia él. Cuando David se entera de su embarazo, *envía* unas líneas a Joab (v. 4) para *enviar* a Urías de vuelta a Jerusalén. David *envía* a Betsabé a descansar, pero Urías es demasiado noble. David opta por *enviar* a Urías de vuelta a un lugar en la batalla, donde está seguro de que morirá. Creído de que su estrategia es completa, David *envía* a alguien por Betsabé y se casa con ella (v. 27).

No nos gusta este David «enviador», demandador. Preferimos al David pastor, el que cuida los rebaños; el David gallardo, que se esconde de Saúl; el David venerador, que compone salmos. No estamos preparados para el David que ha perdido el control de su propio control, que peca tanto como «envía».

Pero si permanece demasiado tiempo en las alturas,
sus oídos se embotan y su vista se enturbia.

Pero ¿qué le ha ocurrido? Es simple, la enfermedad de la altitud. Ha permanecido en las alturas durante demasiado tiempo. El poco aire le ha confundido los sentidos. Ya no puede escuchar, como solía hacerlo. No puede oír las advertencias de sus sirvientes o la voz de su conciencia, ni tampoco a su Señor. El permanecer en el pináculo le ha embotado los oídos y lo ha cegado. ¿Vio David a Betsabé? No, vio su cuerpo mientras se bañaba y sus curvas. Vio a Betsabé la conquistadora. Pero ¿vio al ser humano? ¿A la esposa de Urías? ¿La hija de Israel? ¿La creación de Dios? No. David perdió la visión de las cosas. Demasiado tiempo en lo más alto le ocasionará eso mismo a usted. Demasiadas horas en el sol brillante y con escaso aire lo dejarán sin aliento y mareado.

Por supuesto, ¿quién entre nosotros puede ascender tan alto como David? ¿Quién entre nosotros puede ordenar tener un encuentro con alguien? Los presidentes y los reyes podrían enviar a sus subalternos para que cumplan con sus demandas; nosotros tenemos suerte si podemos ordenar comida china. No tenemos ese tipo de influencias.

Podemos entender las otras luchas de David. Su temor a Saúl, escondido por mucho tiempo en el desierto. Nosotros hemos estado ahí. Pero ¿podemos entender al David arrogante? El mirador de David es un lugar donde no hemos estado.

¿O sí?

Yo no he estado en un mirador, pero estuve en un vuelo. Y no he visto el baño de una mujer, pero he visto a una azafata conduciéndose torpemente. Sin hacer nada bien. Le pedía soda y me traía jugo. Le pedía una almohada y me traía una manta. Equivocaba todos mis pedidos.

Y comencé a refunfuñar. No en voz alta, pero sí mentalmente. *¿Cuál es el problema hoy con el servicio?* Supongo que me estaba poniendo un poco engreído. Fui invitado a una charla en cierto evento. La gente me decía que tenían mucha suerte de contar con mi presencia. No creo que estuviese loco, pero el hecho es que dijeron eso o al menos creí entenderlo. Entonces abordé el avión con un poco de arrogancia. Tuve que inclinar la cabeza para entrar por la puerta del avión y me coloqué en mi asiento, sabiendo que el vuelo era seguro, puesto que el paraíso sabe que soy esencial para el trabajo de Dios.

Luego pedí la soda, la almohada... La azafata no cumplió con el pedido y rezongué. ¿Sabe lo que estaba haciendo? Ubicándome por encima de la azafata. En la jerarquía social, esa mujer estaba por debajo de mí. Su trabajo era servir y el mío, que me sirvieran.

Bueno, no me mire de ese modo. ¿Nunca se ha sentido superior a alguien? A un empleado en un estacionamiento. A un trabajador en el supermercado. Al que vende maníes en un encuentro deportivo. Al empleado en el guardarropa. Usted ha hecho lo mismo que yo. Hemos hecho lo que hizo David: perdimos nuestro oído y nuestra vista.

Cuando miré a la azafata, no vi a un ser humano. Vi un artículo de necesidad. Pero su pregunta lo cambió todo.

«¿Señor Lucado? —Imagínese mi sorpresa cuando la azafata se arrodilló al costado de mi asiento—. ¿Es usted el que escribe libros cristianos?»

Libros cristianos, sí; pensamientos cristianos, eso es otro asunto, dije para mí mismo, mientras bajaba las escaleras de la plataforma. «¿Podría hablar con usted?», me preguntó. Sus ojos se pusieron brumosos, abrió su corazón y llenó los siguientes tres o cuatro minutos con su dolor. Los papeles del divorcio le llegaron esa mañana, su marido no le contestaba las llamadas, no sabía dónde iba a vivir, casi no podía concentrarse en su trabajo. ¿Podía orar por ella?

Lo hice. Pero los dos, Dios y yo, sabíamos que no era la única que necesitaba las oraciones.

Quizá, ¿podría usted orar también? ¿Cómo está de sus oídos? ¿Escucha a los enviados de Dios? ¿Escucha la conciencia que Dios despierta?

¿Y sus ojos? ¿Todavía ve a la gente? ¿O sólo ve sus funciones? ¿Ve a las personas que necesita o a las que están por debajo de usted?

La historia de David y Betsabé es más de poder que de deseo. Es la historia de un hombre que se elevó muy alto por su propio bien. Un hombre que necesitaba escuchar estas palabras: «Baja antes de que te caigas».

La historia de David y Betsabé es más de poder que de deseo.

«Al orgullo le sigue la destrucción; a la altanería, el fracaso» (Proverbios 16.18).

Por eso Dios odia la arrogancia. Odia ver a sus hijos caer. Odia ver a sus Davids seduciendo y a sus Betsabés victimizadas. Dios odia lo que el orgullo hace con sus hijos. No le disgusta la arrogancia, la odia. ¿Puede establecerlo más claramente que en Proverbios 8.13:

«Yo aborrezco el orgullo y la arrogancia» «Ustedes los inexpertos, ¡adquieran prudencia! Ustedes los necios, ¡obtengan discernimiento!»? (v. 5)

Usted no quiere que Dios haga que obtenga discernimiento de esta manera. Sólo pregúntele a David. Nunca pudo recuperarse totalmente de su contienda con el gigante. No cometa su error. Es mucho más sabio descender la montaña que caerse de ella.

Ser humilde no significa que se minimice,
pero sí que piense menos en sí mismo.

Practique la humildad. Ser humilde no significa que se minimice, pero sí que piense menos en sí mismo. «Por la gracia que se me ha dado, les digo a todos ustedes: Nadie tenga un concepto de sí más alto que el que debe tener, sino más bien piense de sí mismo con moderación, según la medida de fe que Dios le haya dado» (Romanos 12.3).

Abrace su pobreza. Estamos igualmente quebrados y benditos. «Tal como salió del vientre de su madre, así se irá: desnudo como vino al mundo, y sin llevarse el fruto de tanto trabajo» (Eclesiastés 5.15).

Resístase a ocupar el lugar de la celebridad. «Más bien, cuando te inviten, siéntate en el último lugar, para que cuando venga el que te invitó, te diga: "Amigo, pasa más adelante a un lugar mejor". Así recibirás honor en presencia de todos los demás invitados» (Lucas 14.10).

¿No sería mejor que lo inviten a que lo menosprecien?

Dios tiene un remedio para los presuntuosos: que se bajen de la montaña. Estará encantado de lo que escucha y a quienes ve. Respirará con mucha más facilidad.

16

Colapsos colosales

¿Qué será capaz de dar el Vaticano por el nombre del Papa? Rogers Cadenhead buscó una respuesta. Hasta la muerte de Juan Pablo II, este autodenominado «acaparador del dominio [espacio en Internet]» registró el sitio www.BenedictXVI.com antes de que el nuevo nombre del Papa se anunciara. Cadenhead lo inscribió antes de que Roma se diese cuenta de que lo necesitaba.

El nombre correcto del dominio puede resultar lucrativo. Otro nombre, www.PopeBenedictXVI.com, superó los 16.000 dólares en el sitio de Internet E-Bay. Cadenhead, sin embargo, no quiso dinero. Es católico, y está feliz que la Iglesia posea el nombre. «Voy a evitar enojar a 1,1 billón de católicos y a mi abuela», bromeó.

Sin embargo, dijo que le gustaría tener algo como retribución, y pensó en:

1. «Uno de esos sombreros».
2. «Una estadía en el hotel del Vaticano».
3. «Una absolución completa, sin ningún tipo de preguntas, por la tercera semana de marzo de 1987».[26]

Esto le hace pensar sobre qué habrá pasado esa semana, ¿no es cierto? Tal vez haga que se acuerde de alguna semana suya. La mayoría de nosotros tuvo una de esas, o quizá más de una.

Un verano completo de locura, un mes apartado, días sin control. Si existiera una caja con cintas grabadas documentando cada segundo de su vida, ¿cuál de los vídeos quemaría? ¿Hay en su vida una temporada en la cual tomó bebidas alcohólicas o inhaló drogas?

El rey David, sí. ¿Puede un colapso ser más colosal que eso? Seduce y deja embarazada a Betsabé, asesina a su marido y engaña a su general y sus soldados. Luego se casa con ella, y es ella la que se hace cargo del hijo.

El encubrimiento aparece como total. Un observador casual no detecta ninguna causa para la preocupación. David tiene una nueva esposa y una vida feliz. Todo parece bien en el trono. Pero no todo está en armonía en el corazón de este hombre. La culpa hierve a fuego lento, y describirá esta época de pecado secreto en términos muy gráficos:

> «Mientras guardé silencio, mis huesos se fueron consumiendo por mi gemir de todo el día. Mi fuerza se fue debilitando como al calor del verano, porque día y noche tu mano pesaba sobre mí» (Salmo 32.3-4).

El alma de David parece un olmo canadiense en invierno. Desnudo, sin frutos, absolutamente gris. Su arpa cuelga sin las cuerdas. Su esperanza hiberna. Es una ruina que camina. Su «tercera semana de marzo» lo acecha como una jauría de lobos. No puede escapar a eso. ¿Por qué? Porque Dios lo mantiene en la superficie.

Subraye los últimos dos versículos de 2 Samuel, capítulo 11: «Lo que David había hecho le desagradó al Señor» (v. 27). Con estas palabras el narrador introduce un nuevo personaje en el drama de David y Betsabé: Dios. Hasta aquí, ha estado ausente en el texto o no ha sido mencionado en la historia.

David seduce, y no hay mención de Dios. David trama, y no hay mención de Dios. Urías está enterrado, Betsabé está casada, y no hay mención de Dios. No se le habla a Dios y Él no habla. La primera mitad del versículo 27 atrae al lector en un falso final feliz. «Después del luto, David mandó que se la llevaran al palacio y la tomó por esposa. Con el tiempo, ella le dio un hijo». Decoran el jardín de infantes y tratan de encontrar nombres en una revista. Pasan nueve meses. Nace un hijo. Y nosotros concluimos: David se salva por poco. Los ángeles archivan esta historia dentro de una carpeta marcada: «Los niños serán niños». Dios prefiere ignorar la situación. Y justo cuando pensamos eso, y también David, alguien da un paso desde atrás de las cortinas y es el centro de atención en el escenario. «Lo que ha hecho el rey David, disgusta al Señor».

Dios no estará silencioso nunca más. El nombre no mencionado en el capítulo 11 domina el capítulo 12. David el «enviador» toma asiento, mientras Dios toma el control.

Dios le manda a Natán a David. Natán es un profeta, un sacerdote, una especie de capellán de la Casa Blanca. El hombre merece una medalla por ir al rey. Él sabe lo que le ha ocurrido a Urías. David ha matado a un soldado inocente... ¿Qué hará con un sacerdote que le hace frente?

Sin embargo, Natán va. Más que manifestarle el hecho, le relata una historia sobre un pobre hombre con una oveja. David, instantáneamente, establece la conexión. El protagonista de esta historia pastoreaba rebaños antes de conducir a la gente. Conoce la pobreza. Es el hijo más joven de una familia demasiado pobre como para contratar un pastor. Natán le cuenta cómo este pobre pastor amaba a una oveja, teniéndola en su propio regazo, alimentándola de su propio plato. Era todo lo que tenía.

Adentrándose en la historia, el rico se sacude. Un viajante se detiene al lado de su mansión y se ordena una fiesta. Más que matar a una oveja de su propio rebaño, el hombre rico envía a su cuerpo de guardias a robar la oveja del hombre pobre. Ellos se introducen en la propiedad, arrebatan el animal y encienden la barbacoa.

El vello en la piel de David se eriza. Aprieta los brazos del trono. Presenta un veredicto sin un tribunal: la resolución para el anochecer. «Tan grande fue el enojo de David contra aquel hombre, que le respondió a Natán: ¡Tan cierto como que el Señor vive, que quien hizo esto merece la muerte! ¿Cómo pudo hacer algo tan ruin? ¡Ahora pagará cuatro veces el valor de la oveja!» (vv. 5-6)

Oh David, nunca lo has visto venir, ¿no es cierto? Nunca has visto a Natán enderezando la horca o arrojando la cuerda sobre la viga. Nunca has sentido que ata tus manos por detrás, te conduce sobre el banquillo y te coloca sobre la trampilla. Sólo cuando aprieta el lazo alrededor de tu cuello, tragaste. Sólo cuando Natán ajusta la cuerda con las cuatro palabras: «Tú eres ese hombre» (v. 7).

El rostro de David palidece. Su manzana de Adán se sacude, una gota de sudor se forma sobre su frente y se escabulle hacia atrás en su silla. No tiene ninguna defensa. No pronuncia ninguna respuesta. No tiene nada que decir. Dios sin embargo, recién está aclarándole su garganta. A través de Natán proclama:

> «Yo te ungí como rey sobre Israel, y te libré del poder de Saúl. Te di el palacio de tu amo, y puse sus mujeres en tus brazos. También te permití gobernar a Israel y a Judá. Y por si esto hubiera sido poco, te habría dado mucho más. ¿Por qué, entonces, despreciaste la palabra del Señor haciendo lo que me desagrada? ¡Asesinaste a Urías el hitita para apoderarte de su esposa! ¡Lo mataste con la espada de los amonitas!» (vv. 7-9)

Las palabras de Dios reflejan dolor, no odio; trasuntan desconcierto, no subestimación. Tu ganado llena las colinas, ¿por qué robar? La belleza puebla tu palacio, ¿por qué tomar la de alguien? ¿Por qué el rico roba? David no tiene excusas.

Entonces Dios impone una frase:

> «Por eso la espada jamás se apartará de tu familia, pues me despreciaste al tomar la esposa de Urías el hitita para hacerla tu mujer. Pues bien, así dice el Señor: Yo haré que el desastre que mereces surja de tu propia familia, y ante tus propios ojos tomaré a tus mujeres y se las daré a otro, el cual se acostará con ellas en pleno día. Lo que tú hiciste a escondidas, yo lo haré a plena luz, a la vista de todo Israel» (vv. 10-12).

Desde ese día en adelante, la confusión y la tragedia marcan a la familia de David. Inclusive el hijo del adulterio muere (12.18). Debe morir. En las naciones circundantes se cuestiona la santidad del Dios de David. David había dañado la reputación del Señor, había manchado su honor. Y Dios, que celosamente protege su gloria, castiga el pecado público de David en un modo público. El infante perece. El rey de Israel descubre la cruda verdad en Números 32.23: «Pero si se niegan, estarán pecando contra el Señor. Y pueden estar seguros de que no escaparán de su pecado».

¿Puede Dios sentarse ociosamente mientras el pecado envenena al suyo?

¿Le ha parecido cierto esto? ¿Su rebelde semana de marzo de 1987 lo ha estado acosando? ¿Lo ha infectado? Estos colosales colapsos no nos dejarán solos. Permanecerán en la superficie como un forúnculo en la piel.

Mi hermano tuvo uno una vez. En sus años en la escuela media, tuvo una infección de esas. Un infeccioso pus rosado se localizaba en la parte posterior de su cuello, como un pequeño volcán Santa Elena. Mi madre, enfermera ella, supo de inmediato lo que el divieso necesitaba: un buen apretón. Dos pulgares cada mañana. Y cuanto más lo presionaba mamá, más mi hermano gritaba, pero ella no se detuvo hasta que el núcleo del divieso se eliminó por completo.

Caramba, Max, gracias por esa hermosa imagen.

Pido disculpas por ser tan gráfico, pero necesito establecer con claridad este punto. Si piensa que mi madre fue dura... pruebe las manos de Dios. Los pecados inconfesables se asientan en nuestros corazones como forúnculos que se ulceran, se infectan y expanden. Y Dios, con cálidos y bondadosos pulgares, aplica la presión correcta:

> «El buen juicio redunda en aprecio pero el camino del infiel no cambia» (Proverbios 13.15).

Él no descansará hasta que nosotros hagamos lo que David hizo: confesar nuestra falta.

> «La experiencia me ha enseñado que los que siembran maldad, cosechan desventura» (Job 4.8).

Dios toma su sueño, su paz, su descanso. ¿Quiere saber por qué? Porque quiere sacarle su pecado. ¿Puede una madre no hacer nada y dejar que las toxinas invadan a su hijo? ¿Puede Dios sentarse ociosamente mientras el pecado envenena al suyo? Él no descansará hasta que nosotros hagamos lo que David hizo: confesar nuestra falta. «"¡He pecado contra el Señor!", reconoció David ante Natán. "El Señor ha perdonado ya tu pecado, y no morirás", contestó Natán» (2 Samuel 12.13).

Interesante. David sentenció al imaginario ladrón de ovejas a morir. Dios es más misericordioso. Guardó el pecado de David. En lugar de encubrirlo, lo tomó y lo guardó.

«Tan lejos de nosotros echó nuestras transgresiones como lejos del oriente está el occidente. Tan compasivo es el Señor con los que le temen como lo es un padre con sus hijos» (Salmo 103.12-13).

A David le tomó un año. Se necesitó un sorprendente embarazo, la muerte de un soldado, la persuasión de un sacerdote, el sondeo y la urgencia de Dios, pero finalmente el corazón de David se suavizó y confesó: «He pecado contra el Señor» (v. 13).

Ubique el error ante el asiento juzgador de Dios.

Permítale que lo condene,

permítale que lo perdone y permítale que lo guarde.

Y Dios hizo con el pecado lo que hace con los suyos y con los míos: los guarda. Es tiempo de que usted ponga su «tercera semana de marzo de 1987» a descansar. Prepare una reunión de tres integrantes: usted, Dios y su recuerdo. Ubique el error ante el asiento juzgador de Dios. Permítale que lo condene, permítale que lo perdone y permítale que lo guarde.

Lo hará. No será necesario que tenga registrado el nombre del Papa para que Él lo haga.

17
ASUNTOS DE FAMILIA

DAVID PARECE MÁS más viejo que sus sesenta y tantos años. Sus hombros caen, su cabeza pende. Arrastra los pies como un anciano y lucha para ubicar un pie delante del otro. Con frecuencia hace pausas, debido a que la colina es empinada, debido a que necesita llorar.

Este es el sendero más largo que haya alguna vez caminado. Más largo que el del riachuelo hasta Goliat. Más largo que el ventoso tránsito de fugitivo a rey, o el paso de la culpabilidad de la condena a la confesión. En esos senderos, en algunos empinados giros, se avanza muy trabajosamente, pero no es nada comparado con el ascenso al monte de los Olivos.

«David, por su parte, subió al monte de los Olivos llorando, con la cabeza cubierta y los pies descalzos. También todos los que lo acompañaban se cubrieron la cabeza y subieron llorando» (2 Samuel 15.30).

Observe cuidadosamente y encontrará la causa de las lágrimas de David. No usa corona. No tiene hogar. Su hijo Absalón tomó Jerusalén por la fuerza. Esas murallas que se alzan a su espalda pertenecen a la ciudad de Jerusalén. Huye de la capital que fundó.

¿Quién no lloraría en un momento como ese? Sin trono, sin hogar. Con Jerusalén detrás y el desierto delante. ¿Qué ha ocurrido? ¿Perdió una guerra? ¿Estaba devastado Israel a causa de enfermedades? ¿La hambruna privó de comida a sus amados y agotó sus fuerzas? ¿Cómo un rey termina viejo y solitario en un sendero ascendente? Veamos si David nos cuenta. Fíjese cómo responde a dos preguntas simples.

David, ¿cómo están tus hijos?

Hace una mueca de dolor cuando lo escucha. Catorce años han pasado desde que David sedujo a Betsabé, trece desde que Natán le dijo: «Por eso la espada jamás se apartará de tu familia» (12.10).

La profecía de Natán probó una verdad dolorosa. Uno de los hijos de David, Amnón, se sintió atraído por su media hermana, Tamar, una de las hijas de David, de otro matrimonio. Amnón la deseó, tramó el hecho y la violó. Y luego de la violación, se deshizo de la mujer como una muñeca usada.

Tamar, comprensiblemente, quedó desconsolada. Derramó cenizas sobre su cabeza y desgarró las ropas de colores que las hijas vírgenes del rey usaban. «Desolada, Tamar se quedó a vivir en casa de su hermano Absalón» (13.20). El siguiente versículo nos señala la respuesta de David: «El rey David, al enterarse de todo lo que había pasado, se enfureció» (v. 21).

¿Es eso? ¿Es eso todo? Queremos un versículo más extenso. Queremos unos verbos más. *Confrontar,* sería. *Castigar*, estaría bien. *Desterrar,* aun mejor. Esperábamos leer: «David estaba muy enojado y... *confrontó* a Amnón, o *castigó* a Amnón, o *desterró* a Amnón». Pero, ¿qué le hizo David a Amnón?

Nada. No hay sermón ni castigo ni encarcelamiento ni regaño severo. David no le hizo nada a Amnón.

Y aun peor, no hizo nada por Tamar. Ella necesitaba su protección, su afirmación y aprobación. Necesitaba un papá. Y lo que obtuvo fue silencio. Entonces Absalón, su hermano, llenó el vacío. Protegió a su hermana y conspiró contra Amnón: lo emborrachó y lo mató.

Incesto. Engaño. Una hija violada. Un hijo muerto. Otro con sangre en sus manos. Un palacio conmocionado.

Nuevamente, ya era tiempo de que David intensificara sus esfuerzos. De que desplegara su coraje como cuando mató a Goliat, de hombre misericordioso que perdonó a Saúl, que lideró en el arroyo de Besor. La familia de David necesitaba ver lo mejor de él. Pero no vio nada de eso. David no intervino ni respondió. Lloró. Lloró en la soledad.

Absalón interpretó el silencio como ira y huyó a esconderse en la casa de su abuelo. David no hace ningún intento por ver a su hijo. Durante tres años vivieron en ciudades separadas. Absalón retornó a Jerusalén, pero David todavía no quiere verlo. Absalón se casó y tuvo dos hijos. «Absalón vivió en Jerusalén durante dos años sin presentarse ante el rey» (2 Samuel 14.28).

Este rechazo pudo no haber sido fácil. Jerusalén era una ciudad pequeña. Evitar a Absalón demandaba un esfuerzo diario de confabulación y espionaje. Pero David lo logró.

Aunque lo más apropiado es decir que abandonó a todos sus hijos. Un pasaje posterior en su vida, expone su filosofía como padre. Uno de sus hijos, Adonías, organizó un golpe. Reunió carros y jinetes y personal del cuerpo de guardia para tomar el trono. ¿Lo objetó David? ¿Está bromeando? «Nunca lo había contrariado ni le había pedido cuentas de lo que hacía» (1 Reyes 1.6).

David, el Homero Simpson de los padres bíblicos. La imagen de la pasividad. Cuando preguntamos sobre sus hijos, él sólo gruñe. Y cuando le hacemos la segunda de las preguntas, su cara se vuelve pálida.

David, ¿cómo está tu matrimonio?

Comenzamos a sospechar problemas en 2 Samuel, capítulo 3. Lo que parece una aburrida genealogía es en realidad un desfile de banderas rojas.

> «Mientras estuvo en Hebrón, David tuvo los siguientes hijos: Su primogénito fue Amnón hijo de Ajinoán la jezrelita; el segundo, Quileab hijo de Abigaíl, viuda de Nabal de Carmel; el tercero, Absalón hijo de Macá, la hija del rey Talmay de Guesur; el cuarto, Adonías hijo de Jaguit; el quinto, Sefatías hijo de Abital; el sexto, Itreán hijo de Eglá, que era otra esposa de David. Éstos son los hijos que le nacieron a David mientras estuvo en Hebrón» (vv. 2-5).

Cuento seis esposas. Agréguele a esta lista a Mical, su primera mujer, y Betsabé, la más famosa, entonces David tuvo ocho esposas, demasiadas para darle a cada una un día en la semana. La situación se empeora cuando descubrimos un pasaje enterrado en la Biblia familiar de David. Luego de hacer una lista de los nombres de sus hijos, el genealogista agrega: «Todos éstos fueron hijos de David, sin contar los hijos que tuvo con sus concubinas» (1 Crónicas 3.9).

¿Las concubinas? David es padre de otros niños de otras madres, y no conocemos siquiera cuántas. Nuestro lado cínico se pregunta si David lo sabía... ¿Qué pensaba? ¿No había leído las instrucciones de Dios? «Por eso el hombre deja a su padre y a su madre, y se une a su mujer» (Génesis 2.24). Un hombre. Una mujer. Un casamiento. Una simple suma. David optó por trigonometría avanzada.

David hizo mucho muy bien. Unificó las doce tribus en una nación, dirigió conquistas militares, fundó una ciudad capital y elevó a Dios como el Señor de la gente, llevó el arca a Jerusalén y pavimentó el camino hacia el templo. Escribió poesía que nosotros aún leemos y salmos que aún cantamos. Pero cuando se llega a su familia, lo estropea todo.

Su fracaso más grande es estar ausente de ella. Seducir a Betsabé fue un inexcusable pero explicable acto de pasión. Matar a Urías fue un despiadado y, aun predecible, acto de un corazón desesperado. Pero, ¿un padre pasivo y mujeriego reincidente? Esos no fueron pecados de un lento atardecer ni de alienadas reacciones en defensa propia. Arruinar a su familia a lo largo de la vida le costó muchísimo.

Algunos años atrás, un joven esposo vino a verme, orgulloso de que tenía una esposa en casa y una amante en un departamento. Utilizaba la infidelidad de David para justificar la propia. E incluso me dijo que estaba considerando la poligamia. Después de todo, David era polígamo.

La respuesta correcta a esa insensatez es: Lea el resto de la historia. ¿Recuerda a Absalón? David finalmente fue hacia él, pero era demasiado tarde. Las semillas del rencor habían extendido raíces profundas. Absalón resolvió derrocar a su padre. Reclutó al ejército de David y organizó un golpe de estado.

Su toma del poder significó la caminata más triste de David fuera de Jerusalén, en lo alto del monte de los Olivos, en el desierto. Sin corona. Sin ciudad. Sólo un corazón entristecido, solitario, un hombre viejo. «David, por su parte, subió al monte de los Olivos llorando, con la cabeza cubierta y los pies descalzos» (2 Samuel 15.30).

Los leales finalmente alcanzaron a Absalón. Cuando trataba de escapar a caballo, su largo y rubio cabello se enredó en un árbol y los soldados lo mataron con una lanza. Cuando David supo la noticia, quedó destrozado: «¡Ay, Absalón, hijo mío! ¡Hijo mío, Absalón, hijo mío! ¡Ojalá hubiera muerto yo en tu lugar! ¡Ay, Absalón, hijo mío, hijo mío!» (2 Samuel 18.33)

Lágrimas tardías. David triunfó en todas partes, excepto en su hogar. Y ¿si usted no triunfa en su hogar, no es exitoso? David podría haberse beneficiado del consejo del apóstol Pablo en Efesios 6.4: «Y ustedes, padres, no hagan enojar a sus hijos, sino críenlos según la disciplina e instrucción del Señor».

¿Cómo nos explicamos el desastroso hogar de David? ¿Cómo nos explicamos el silencio de David respecto de su familia? No hay salmos escritos sobre sus hijos. Seguramente, de todas sus esposas, una fue digna de un soneto o una canción. Pero nunca habla de ellas.

Aparte de la oración que ofreció por el hijo de Betsabé, nunca ora por su familia. Ora por los filisteos, por sus guerreros. Ofreció ruegos por Jonatán, su amigo, y por Saúl, su principal rival. Pero en lo que concierne a su familia, es como que nunca existió.

¿Estaba muy ocupado como para darse cuenta? Quizá. Tenía una ciudad para establecerse y un reinado que construir.

¿Era demasiado importante como para cuidar de ellos? «Deja a las mujeres criar a los niños, yo conduciré la nación».

¿Era demasiado culpable como para dirigirlos? Después de todo, ¿cómo podía David, que había seducido a Betsabé e intoxicado y matado a Urías, corregir a sus hijos cuando violaron y mataron?

Su hogar es un privilegio del tamaño de un gigante; su altísima prioridad.

Demasiado ocupado, demasiado importante, demasiado culpable. ¿Y ahora? Ahora es demasiado tarde. Existe una docena de demasiado tardes. Pero no es demasiado tarde para usted. Su hogar es un privilegio del tamaño de un gigante; su altísima prioridad. No cometa el trágico error de David. ¿Cómo respondería a las preguntas que le hacemos a David?

¿Cómo está su matrimonio?

Considérelo como su violonchelo Testore. Finamente construido, un instrumento pocas veces visto que ha alcanzado la categoría de «raro» y está rápidamente ganando la condición de los «sin precio». Pocos músicos tienen el privilegio de tocar un Testore; más aun, pocos poseen uno.

Casualmente conozco a un hombre que tiene uno. Me lo prestó una vez para un sermón. Para ilustrar la frágil santidad del matrimonio, le pedí ubicar el instrumento, que tenía cerca de trescientos años de antigüedad, sobre el escenario, y expliqué lo valioso que es para la iglesia.

¿Cómo cree que traté la reliquia? ¿Qué la giré, la puse hacia abajo y que toqué sus cuerdas? De ninguna manera. El violonchelo era

---

El día de su boda, Dios le prestó su trabajo artístico, complicadamente manufacturado, una obra maestra formada con precisión.

---

demasiado valioso para mis torpes dedos. Además, su propietario me lo había prestado. No me atrevía a deshonrar su tesoro.

El día de su boda, Dios le prestó su trabajo artístico, complicadamente manufacturado, una obra maestra formada con precisión. Y se lo encargó a usted como una creación única. Para que la valore, la honre. Fue bendecido con un Testore, ¿por qué perder el tiempo con alguien más?

David falló en eso. Coleccionó esposas como trofeos. Vio en las esposas un medio para su placer, no como parte del plan de Dios. No cometa el mismo error.

Sea ferozmente leal a su esposa. *Ferozmente* leal. Ni siquiera mire dos veces a otra persona. No coquetee. No provoque. No merodee su escritorio ni se demore en su oficina. ¿A quién le preocupa si parece tener una actitud mojigata o maleducada? Usted hizo una promesa. Manténgala.

Y, mientras lo hace, alimente al niño que Dios da.

¿Cómo están las cosas con sus hijos?

Los silenciosos héroes salpican el paisaje de nuestra sociedad. No llevan puestas medallas ni besan trofeos, sino que muestran las regurgitaciones y besan las lastimaduras. Ellos no escriben los titulares, pero cosen la línea de los dobladillos, chequean los resúmenes de las noticias y se postulan para trabajos complementarios. No encontrará sus nombres en la lista de los Nobel, pero sí en la sala de clase, en la lista de viajes compartidos y en la lista de la maestra de la Biblia.

Son padres, por sangre y por el acto de serlo, apellido y calendario. Héroes. Los programas de noticias no los llaman. Pero está bien. Porque sus hijos sí. Las llaman mamá, los llaman papá. Y esas mamás y papás, más valiosos que todos los ejecutivos y legisladores del oeste del Mississippi, mantienen en silencio al mundo unido.

Los niños deletrean amor con seis letras: T-I-E-M-P-O.

Esté entre ellos. Léales libros a sus hijos. Juegue a la pelota mientras pueda o ellos quieran. Propóngase mirar cada partido que jueguen, lea cada historia que escriban, escuche cada recital del que formen parte.

Los niños deletrean amor con seis letras: T-I-E-M-P-O. No sólo calidad de tiempo, sino tiempo sostenido, tiempo inactivo, cualquier tipo de tiempo, todo el tiempo. Sus hijos no son su *hobby*, son su motivo.

Su esposa no es su trofeo, sino su tesoro.

No pague el precio que David pagó. ¿Podemos acercarnos unos pocos capítulos a sus horas finales? Para ver el costo final de abandonar a su familia, mire el modo en que nuestro héroe muere. David está a horas de su tumba. Un frío se instaló en esas sábanas y no lo pueden sacar. Los sirvientes deciden que necesita a una persona que le proporcione calor, alguien que lo sostenga fuertemente mientras él toma su último aliento.

¿Van por una de sus esposas? No. ¿Llaman a uno de sus hijos? No. «Así que fueron por todo Israel en busca de una muchacha hermosa... Se dedicó a cuidar y a servir al rey, aunque el rey nunca tuvo relaciones sexuales con ella» (1 Reyes 1.3-4).

Sospecho que David hubiera canjeado todas sus conquistadas coronas por los cariñosos brazos de una esposa. Pero fue demasiado tarde. Murió con los cuidados de una extraña porque se condujo con extraños fuera de su familia.

Pero no es demasiado tarde para usted.

Haga de su esposa el objeto de su más alta devoción. Haga de su esposo el receptor de su más profunda pasión. Ame al que use su anillo.

Y quiera al niño que comparte su apellido.

Triunfe primero en su hogar.

18

Esperanzas destrozadas

«Había intentado...»

El David que dice estas palabras está viejo. Las manos que balancean la onda la sostienen sin fuerzas. Los pies que danzaban ante el arca ahora se arrastran. Aunque sus ojos son aún penetrantes, su cabello es gris y su piel cae entre su barba.

«Había intentado...»

Una gran multitud escucha. Cortesanos, asesores, tesoreros y cuidadores. Se ha reunido a las órdenes de David. El rey está cansado. El momento de su partida está cercano. Escuchan y hablan.

«Había intentado construir...»

Extraña manera de comenzar una despedida. David menciona no lo que hizo, sino lo que quiso hacer y no pudo. «Yo tenía el propósito de construir un templo para que en él reposara el arca del pacto del Señor nuestro Dios y sirviera como estrado de sus pies» (1 Crónicas 28.2).

Un templo. David quiso construir un templo. Lo que había hecho por Israel, lo quiso hacer para el arca: protegerla. Lo que hizo con Israel, quiso hacerlo con el templo: erigirlo. ¿Y quién mejor que él para hacer eso? ¿No había literalmente escrito el libro sobre veneración? ¿No rescató el «Arca de la Alianza»? El templo hubiera sido como su última obra, su documento firmado. David había esperado dedicar sus años finales a construirle un santuario a Dios.

Al final, esa fue su intención: «Yo tenía el propósito de construir un templo para que en él reposara el arca del pacto del Señor nuestro Dios y sirviera como estrado de sus pies» (1 Crónicas 28.2).

Preparativos. Arquitectos elegidos. Constructores seleccionados. Anteproyectos y planos, dibujos y números. Bosquejos de las columnas del templo. Pasos diseñados.

«Yo lo había intentado... hice preparativos...»

Intenciones. Preparativos. Pero no hay templo. ¿Por qué? ¿Se desanimó David? No. Se mantuvo dispuesto. ¿La gente se resistía? Apenas, se mostraban generosos. ¿Eran escasos los recursos? Nada más lejos de eso. David suministró más: «Además, David juntó mucho hierro para los clavos y las bisagras de las puertas, y bronce en abundancia. También amontonó mucha madera de cedro, pues los habitantes de Sidón y de Tiro le habían traído madera de cedro en abundancia» (1 Crónicas 22.3-4). Entonces, ¿qué ocurrió?

Una conjunción.

Las conjunciones operan como semáforos en las oraciones. Algunas, como la *y*, son verdes. Otras, como *sin embargo*, son amarillas. Unas pocas son rojas. Una maza roja que lo detiene. David tuvo una luz roja.

> «Así había hecho arreglos para edificarla. Pero Dios me dijo: "No edificarás casa en mi nombre, porque eres hombre de guerra y has derramado mucha sangre... Tu hijo Salomón es quien edificará mi casa y mis atrios"» (1 Crónicas 28.2-3, 6, LBLA; énfasis del autor).

El temperamento sanguinario de David le cuesta el privilegio del templo. Todo lo que pudo hacer fue decir:

Yo lo había intentado...

  Había hecho preparativos...

    Pero Dios...

Estoy pensando en algunas personas que han pronunciado palabras similares. Dios ha tenido diferentes planes, entonces ellos hicieron...

Un hombre esperó hasta la mitad de sus treinta años para casarse. Resolvió seleccionar a la esposa correcta, y devotamente se tomó su tiempo. Cuando la encontró, se mudó en dirección al oeste, compró un rancho y comenzaron una vida juntos. Luego de tres cortos años, ella murió en un accidente.

Yo lo había intentado...

  Había hecho preparativos...

    Pero Dios...

Una joven pareja convierte una habitación en un cuarto para niños. Preparan las paredes, restauran una cuna; pero entonces, la esposa aborta espontáneamente.

Yo lo había intentado...

Había hecho preparativos...

Pero Dios...

Wilhem quería predicar. A los veinticinco años tenía en la vida la experiencia suficiente como para saber que estaba hecho para el ministerio. Vendió objetos de arte, enseñó idiomas, se encargó del comercio de libros, podía ganarse el pan de todos los días. Pero eso no era una vida. Su vida estaba en la iglesia. Su pasión estaba con la gente.

Entonces esa pasión lo llevó a los yacimientos de carbón del sur de Bélgica. Allí, en la primavera de 1879, este alemán comenzó su ministerio entre los simples trabajadores mineros de Borinage.

En semanas probó su entusiasmo. En una catástrofe minera murieron decenas de personas. Wilhem trabajó día y noche para atender a los heridos y alimentar a los hambrientos. Raspaba incluso los desechos de sustancias de la mina de carbón para calentar a la gente.

¿Qué hace usted con los momentos «pero Dios» de su vida?

Cuando Dios interrumpe sus planes buenos, ¿cómo responde?

Luego que se despejaron los escombros y se enterró a los muertos, el joven predicador se ganó un lugar en sus corazones. La pequeña iglesia desbordaba de gente hambrienta de sus sencillos mensajes de amor. El joven Wilhem estaba haciendo lo que siempre soñó.

Pero...

Un día, su superior llegó a visitarlo. El estilo de vida de Wilhem lo impresionó. El joven predicador usaba un sobretodo de soldado, sus pantalones estaban hechos con arpillera y vivía en una simple cabaña. Además, Wilhem le daba su salario a la gente. Su superior estaba realmente impresionado. «Usted luce más lastimosamente que las personas que vienen aquí a que les enseñe», dijo. Wilhem le preguntó si Jesús no hubiera hecho lo mismo, pero su interlocutor consideraba que esa no era la apariencia apropiada para un ministro. Entonces despidió a Wilhem del ministerio.

David se enfrentó al gigante de la decepción con el «sin embargo Dios». David confió.

El joven estaba devastado.

Sólo quería construir una iglesia. Sólo quería hacer algo bueno. Sólo quería honrar a Dios. ¿Por qué no le permitió Dios hacer ese trabajo?

Yo lo había intentado...

Había hecho preparativos...

Pero Dios...

¿Qué hace usted con los momentos «pero Dios» de su vida? Cuando Dios interrumpe sus planes buenos, ¿cómo responde?

El hombre que perdió a su mujer no ha respondido bien. Al momento de este escrito se encontraba sobreviviendo al odio y a la amargura. La joven pareja lo estaba sobrellevando mejor. Están activos en la iglesia y orando por un hijo. ¿Y Wilhem? Bueno, es una historia. Pero antes de compartirla, ¿y David? Cuando Dios cambió sus planes, ¿cómo los remplazó? (a usted le gustará esto).

Al «pero Dios» le siguió «sin embargo Dios».

> «Sin embargo, el Señor, Dios de Israel, me escogió de entre mi familia para ponerme por rey de Israel para siempre. En efecto, él escogió a Judá como la tribu gobernante; de esta tribu escogió a mi familia, y de entre mis hermanos me escogió a mí, para ponerme por rey de Israel» (1 Crónicas 28.4).

Reduzca el párrafo a una frase, y se lee: *¿Quién soy yo para quejarme?* David había pasado de ser renacuajo a realeza; de arrear ovejas a liderar ejércitos; de dormir en el pasto a vivir en un palacio. Cuando a usted le dan un helado de frutas, no se queja porque le falta una cereza.

David se enfrentó al gigante de la decepción con el «sin embargo Dios». David confió. Lo mismo hizo Wilhem. No al principio, imagínese. Inicialmente estaba dolido y con ira. Estuvo unas semanas en una pequeña ciudad, sin saber qué hacer. Pero luego, ocurrió lo más extraño. Un atardecer, notó a un viejo minero torcido bajo el enorme peso del carbón que acarreaba. Impresionado por la pena, Wilhem tomó de su bolsillo un trozo de papel y comenzó a bosquejar la cansada figura. Su primer intento fue tosco, pero después probó de nuevo. No lo sabía, la ciudad no lo sabía, el mundo no lo sabía, pero Wilhem, en ese preciso momento, descubrió su verdadero llamado.

No a la ropa de clérigo, pero sí a la camisa de un artista.

No al púlpito de un pastor, pero sí a la paleta de un pintor.

No al ministerio de las palabras, pero sí al de las imágenes. El hombre joven, el líder, no rehusó convertirse en el artista que el mundo no pudo resistir: Vincent Wilhelm Van Gogh.[27]

Su «pero Dios» se convirtió en un «sin embargo Dios».

¿Quién puede decir que el suyo no se convertirá en lo mismo?

19

¡DERRIBE A GOLIAT!

ÉL COMPITE por una posición al lado de su cama, esperando ser la primera voz que escuche al abrir los ojos. Codicia sus pensamientos al despertar, esas emociones tempranas que nacieron en la almohada. Lo despierta con palabras de preocupación y lo agita con pensamientos estresantes. Si usted le teme al día antes de comenzarlo, tornándolo desesperanzador, su gigante está junto a su cama.

Y sólo está entrando en calor. Respira en su cuello mientras come o desayuna, susurra en su oído mientras camina, sigue de cerca sus pasos y se pega a su cadera. Chequea su calendario, lee sus cartas, y dice más palabrotas que los jugadores en la liga de básquetbol de la ciudad.

«No tienes lo que hace falta».

«Vienes de una larga lista de perdedores».

«Abandona las cartas y deja la mesa. Te dieron una mala mano».

Ese es su gigante, su Goliat. Dándole la mitad de las posibilidades, convertirá su día en su Valle de Elah, burlándose, tomándole el pelo, jactándose y reclamando desde una ladera a otra. ¿Recuerda cómo se comportaba Goliat, lo rudo que era? «El filisteo salía mañana y tarde a desafiar a los israelitas, y así lo estuvo haciendo durante cuarenta días» (1 Samuel 17.16).

Los Goliats todavía recorren nuestro mundo. Deuda. Desastre. Peligro. Engaño. Enfermedad. Depresión. Las amenazas tamaño gigante todavía se muestran insolentemente, pavoneándose, y le roban el sueño, además de apropiarse de la paz y de succionar la alegría. Pero no pueden dominarlo. Usted sabe cómo tratar con ellos. Se enfrenta a los gigantes encarando primero a Dios.

Si se centra en los gigantes, tropieza usted.
Si se enfoca en Dios, caen sus gigantes.

Sepa lo que David supo y haga lo que David hizo. Levante cinco piedras y tome cinco decisiones. ¿Todavía se pregunta por qué David tomó cinco piedras para la batalla? ¿Por qué no dos o veinte? Releyendo su historia se revelan cinco respuestas. Utilice sus cinco dedos para que le recuerden las cinco piedras que necesita para prevalecer sobre su Goliat. Permita que su dedo pulgar le recuerde:

1. La piedra del pasado

Goliat le refrescó la memoria a David. Elah fue un *déjà vu*. Mientras todos los demás temblaban, David recordaba. Dios le dio las fuerzas para luchar contra un león y los brazos para hacerlo contra un oso, ¿no haría lo mismo con el gigante?

> David le dijo a Saúl: «"A mí me toca cuidar el rebaño de mi padre. Cuando un león o un oso viene y se lleva una oveja del rebaño, yo lo persigo y lo golpeo hasta que suelta la presa. Y si el animal me ataca, lo sigo golpeando hasta matarlo. Si este siervo de Su Majestad ha matado leones y osos, lo mismo puede hacer con ese filisteo pagano, porque está desafiando al ejército del Dios viviente"» (vv. 34-36).

La buena memoria hace a los héroes. La mala, a los cobardes. La amnesia hizo que la última semana me acobardara. Mi Goliat me despertó a las cuatro de la madrugada con una lista de preocupaciones. Nuestra iglesia intentaba juntar dinero para la construcción de un edificio para los jóvenes, más que el que había podido juntar en otro intento anterior.

Escriba las preocupaciones en la arena.
Talle las victorias de ayer en piedra.

El gigante me despertó con la siguiente ridiculez: *Ustedes están locos. Nunca llegarán a recolectar esa cantidad de dinero*. No pude argumentar nada. *La economía está en decadencia. La gente se encuentra estresada. Nosotros no podríamos recolectar suficiente dinero siquiera para comprar un ladrillo*. Goliat hizo que me escapara.

Pero entonces recordé a David, nueve a uno de probabilidades, la historia del león y del oso. Y decidí hacer lo que David hizo: fijarme en las victorias de Dios. Salté de la cama, caminé por la sala, prendí la lámpara, tomé el periódico y comencé a hacer una lista de conquistas del tamaño de un oso y de un león.

En los cinco años anteriores, Dios había hecho que se produjera que:

- Un hombre de negocios donara varias hectáreas de tierra a la iglesia.
- Otra iglesia comprara nuestro viejo edificio.
- Los miembros donaran por encima de las necesidades, permitiendo a la iglesia liberarse de deudas en un 80%.

Dios ha hecho esto antes, susurré. La cabeza de un león está colgada en el vestíbulo de la iglesia, y una alfombra de piel de oso descansa en el piso del santuario. En ese momento escuché un ruido sordo. ¡Justo ahí en la sala! Di una vuelta a tiempo y pude observar los ojos de Goliat enfadado, las rodillas torcerse y su cuerpo caer de cara sobre la alfombra. Me paré, coloqué un pie sobre su espalda y con una risita burlona le dije: *Toma esto, grandullón.*[38]

«¡Recuerden las maravillas que ha realizado!» (1 Crónicas 16.12)

Haga un listado de los triunfos de Dios. Guarde una lista de sus récords mundiales. ¿No lo ha hecho caminar por alta mar? ¿Probar su fe? ¿No ha conocido su provisión? ¿Cuántas noches se ha ido a dormir hambriento? ¿Cuántas veces se ha despertado por las mañanas sintiéndose abandonado? Él hizo de sus enemigos una derrota que no vale la pena considerar. Escriba las preocupaciones en la arena. Talle las victorias de ayer en piedra. Tome la piedra del pasado. Y luego seleccione:

2. LA PIEDRA DE LA ORACIÓN

Fíjese en el valle que hay entre el dedo pulgar y el índice. Para pasar de uno al otro, debe atravesarlo. Permítame recordarle el descenso de David. Antes de ascender, fue hacia abajo; antes de ascender a la pelea, descendió a la preparación. No se enfrente a su gigante sin hacer lo mismo. Dedíquele tiempo a orar. Pablo, el apóstol, escribió: «Oren en el Espíritu en todo momento, con peticiones y ruegos. Manténganse alerta y perseveren en oración por todos los santos» (Efesios 6.18).

La paz es prometida a aquellos cuyos pensamientos y deseos están fijos en el Rey.

Orar engendra el triunfo de David. Su sabiduría en el arroyo de Besor le quedó pequeña cuando «cobró ánimo y puso su confianza en el Señor su Dios» (1 Samuel 30.6). Cuando los soldados de Saúl trataron de capturarlo, David se dirigió a Dios: «Pero yo le cantaré a tu poder, y por la mañana alabaré tu amor; porque tú eres mi protector, mi refugio en momentos de angustia» (Salmo 59.16).

¿Cómo sobrevive usted a una vida de fugitivo en las cuevas? David lo hizo con oraciones y ruegos como este: «Ten compasión de mí, oh Dios; ten compasión de mí, que en ti confío. A la sombra de tus alas me refugiaré, hasta que haya pasado el peligro. Clamo al Dios Altísimo, al Dios que me brinda su apoyo» (Salmo 57.1-2).

Cuando David tiene su mente imbuida en Dios, entonces sigue en pie. Cuando no lo hace, fracasa. ¿Cree que pasó mucho tiempo orando la tarde que sedujo a Betsabé? ¿Que escribió un salmo el día que mató a Urías? Lo dudo.

Anote bien esta promesa: «Al de carácter firme lo guardarás en perfecta paz, porque en ti confía» (Isaías 26.3). Dios promete no sólo paz, sino una paz perfecta. No diluida. Sin manchas. Sin obstrucciones. ¿A quién? A todos aquellos que tengan sus mentes fijas en Él. Olvídese de las miradas ocasionales. Descarte las ponderaciones fortuitas. La paz es prometida a aquellos cuyos pensamientos y deseos están fijos en el Rey.

Pida la ayuda de Dios, tome la piedra de la oración y no abandone:

3. LA PIEDRA DE LA PRIORIDAD

Deje que su dedo más largo le recuerde la primera prioridad: la reputación de Dios. David la preservó celosamente. Nadie difamaría a su Señor. David combatió, por ese motivo «todo el mundo sabrá que hay un Dios en Israel. Todos los que están aquí reconocerán que el Señor salva sin necesidad de espada ni de lanza. La batalla es del Señor» (1 Samuel 17.46-47).

Vea su lucha como un lienzo de protección divina.
Sobre él Dios pintará su supremacía multicolor.

¡David vio en Goliat una oportunidad para que Dios se mostrara! ¿Supo David que saldría de la batalla vivo? No. Pero estaba deseoso de dar su vida por la reputación de Dios.

¿Y si usted viera a su gigante del mismo modo? En lugar de lamentarse, déle la bienvenida. Su cáncer es la oportunidad de Dios para flexionar sus músculos terapéuticos. Su pecado es la oportunidad de Dios para exhibir su gracia. Su dificultoso matrimonio puede ser una muestra del poder de Dios. Vea su lucha como un lienzo de protección divina. Sobre él Dios pintará su supremacía multicolor. Anuncie el nombre de Dios y luego vaya por:

4. La piedra de la pasión

> «En cuanto el filisteo avanzó para acercarse a David y enfrentarse con él, también éste corrió rápidamente hacia la línea de batalla para hacerle frente. Metiendo la mano en su bolsa sacó una piedra, y con la honda se la lanzó al filisteo, hiriéndole en la frente. Con la piedra incrustada entre ceja y ceja, el filisteo cayó de bruces al suelo» (17.48-49).

David le hizo una lobotomía al gigante porque destacó al Señor.

David corrió no para escaparse, sino hacia su gigante. Sobre un costado del campo de batalla, Saúl y su cobarde ejército tragaron saliva. Sobre el otro, Goliat y sus partidores de cráneos, se burlaban. En el medio, el muchacho pastor sobre sus largas y delgadas piernas corre. ¿Quién le apuesta a David? ¿Quién pone dinero en el hijo de Belén? No los filisteos. No los hebreos. No los hermanos de David. No el rey de David. Pero sí Dios.

Y desde que Dios sí lo hace, y desde que David sabe eso de Dios, el flaco renacuajo se convierte en una imagen borrosa de rodillas movedizas y una honda arremolinada. Corre hacia su gigante.

¡Haga lo mismo! ¿Qué bien hace considerar el problema? Ha estado fijándose en él tanto tiempo como el que se necesita para contar los vellos del pecho de Goliat. ¿Y eso le ha ayudado?

No. Hacer una lista de sus heridas no es condición para curarlas. Detallar los problemas, no los resolverá. Clasificar los rechazos, no los quitará. David le hizo una lobotomía al gigante porque destacó al Señor. Quedan una piedra y un dedo más:

5. LA PIEDRA DE LA PERSISTENCIA

David no pensó que una piedra lo haría. Él sabía que Goliat tenía cuatro enormes y poderosos hermanos: «Un gigante llamado Isbibenob, que iba armado con una espada nueva y una lanza de bronce que pesaba más de tres kilos» (2 Samuel 21.16); Saf hizo la lista, descrita simplemente como «el gigante» (v. 18). Entonces estuvo «el hermano de Goliat de Gat, cuya lanza tenía un asta tan grande como el rodillo de un telar» (v. 19). Esos tres parecen inofensivos comparados con King Kong.

> «Hubo una batalla más en Gat. Allí había otro gigante, un hombre altísimo que tenía veinticuatro dedos, seis en cada mano y seis en cada pie. Éste se puso a desafiar a los israelitas, pero Jonatán hijo de Simá, que era hermano de David, lo mató. Esos cuatro gigantes, que eran descendientes de Rafá el guitita, cayeron a manos de David y de sus oficiales» (vv. 20-22).

¿Por qué David extrajo un quinteto de piedras? ¿Pudo haber sido porque Goliat tenía cuatro hermanos del tamaño del *tyranosaurus rex*? Todo lo que sabía David era que ellos habían venido corriendo por las colinas a defender a su hermano. David estaba listo para vaciar el aposento.

Nunca abandone la pelea.

Imítelo. Nunca abandone la pelea. Una oración puede no ser suficiente. Una disculpa podría no serlo. Un día o un mes de determinación podría no bastar. Tal vez lo derriben una vez o dos... pero no se aparte. Manténgase cargando las piedras. Manténgase balanceando la honda.

David tomó cinco piedras. Tomó cinco decisiones. Haga lo mismo. Pasado, oración, prioridad, pasión y persistencia.

La próxima vez que Goliat lo despierte, tome una piedra. Lo más probable es que salga del dormitorio antes de que pueda cargar su honda.

EPÍLOGO
LO QUE COMENZÓ EN BELÉN

SU HISTORIA COMENZÓ entre las pasturas del ganado. Las cabezas lanudas fueron testigo de sus tempranos días. Los campos apacibles les dieron la bienvenida a sus ojos aniñados. Y antes de que la gente le prestara atención a su mensaje, las ovejas se volvieron a su llanto.

Póngase en la fila de los billones de criaturas que han escuchado su voz y arañaron el pasto pidiendo un lugar cerca del frente.

Su historia comienza en las pasturas.

Unas pasturas de Belén. Una pequeña aldea, durmiendo en las suaves colinas. El hogar de los pastores. La tierra de los higos, olivos y vinos. No exuberante, pero suficiente. No era conocido por el mundo, pero sí por Dios, que por esa razón eligió Belén como la incubadora de su niño elegido.

Elegido, efectivamente. Elegido por Dios. Designado desde lo alto, diferenciado por el paraíso. El profeta manifestó el llamado. La familia lo escuchó. El muchacho de las ovejas sería pastor de las almas. El hijo de Belén sería el rey de Israel.

Pero no antes de que comience a ser el blanco del infierno.

El camino fuera de Belén era empinado y peligroso. Lo conducía a través de un desierto salpicado de lagartos, una Jerusalén enojada, conflictiva y peligrosa. Los líderes habían resuelto matarlo. Su gente lo buscaba para apedrearlo. Su propia familia eligió mofarse de él.

Algunas personas lo alzaron como a un rey, otras no lo aceptaron. Las puertas de Jerusalén lo vieron entrar como soberano y partir como fugitivo. Finalmente, tuvo una muerte solitaria en la capital hebrea.

Pero está lejos de la muerte.

Sus palabras todavía hablan. Su legado todavía vive. Amado u odiado, la sociedad se mantiene recurriendo a él, leyendo sus pensamientos, ponderando sus hazañas, imaginando su rostro. Las Escrituras nos ofrecen sólo escasas frases sobre su fisonomía, los escultores y artistas han llenado las galerías de arte con sus especulaciones. Miguel Ángel, Rembrandt, Da Vinci. Lienzo, piedra, pintura, escultura.

Y libros. ¡Libros! Han sido consagradas más páginas al prodigio de Belén que a cualquier otra figura de la historia. No podemos dejar de hablar de él. La arena ha llenado sus huellas judías miles de veces en miles de años, pero todavía nos reunimos a reflexionar sobre su vida.

Usted sabe a quién estoy describiendo.

Lo sabe, ¿no es cierto? La pastura. El señalado. El llamado en su niñez. Los enemigos a lo largo de su vida. Desierto. Jerusalén. Judea. La muerte solitaria. El legado sin fin. ¿Quién es el chico de Belén?

David, por supuesto.

O Jesús, quizá.

O... ¿ambos?

Haga una lista de una docena de hechos, y en cada uno describa rasgos mellizos de David y Jesús. Asombroso. Más aun es el hecho de que podamos hacer lo mismo con su vida. Lea estas verdades y dígame, ¿a quién estoy describiendo? ¿A Jesús... o a usted?

Nacido de una madre.
Con dolores físicos.
Le divierte una buena reunión.
Rechazado por los amigos.
Injustamente acusado.
Historias de amor.
Reticente a pagar impuestos.
Canta.
Disgustado por la codiciosa religión.
Siente pena por la soledad.
Despreciado por sus hermanos.
Respaldado por los desamparados.
Despierta por las noches a causa de las preocupaciones.
Conocido por adormilarse en la mitad de los viajes.
Acusado de ser demasiado pendenciero.
Temeroso de la muerte.
¿Usted?
¿Jesús?
¿Ambos?
Parece que usted, como David, tiene mucho en común con Jesús.

¿Un gran asunto? Yo creo que sí. Jesús lo entiende. Él entiende el anonimato de la pequeña ciudad y la presión de la gran ciudad. Ha caminado las pasturas y los palacios de los reyes. Se ha enfrentado al hambre, a la pena y a la muerte y quiere enfrentarse a ellas con usted. «Porque no tenemos un sumo sacerdote incapaz de compadecerse de nuestras debilidades, sino uno que ha sido tentado en todo de la misma manera que nosotros, aunque sin pecado. Así que acerquémonos confiadamente al trono de la gracia para recibir misericordia y hallar la gracia que nos ayude en el momento que más la necesitemos» (Hebreos 4.15-16).

Cristo se hizo uno de nosotros, para redimirnos a todos.

Él se hizo uno de nosotros. E hizo eso para redimirnos a todos.

La historia de David y Jesús comparten muchos nombres: Belén, Judea, Jerusalén. El Monte de los Olivos. El Mar Muerto. Engadi. Pero si bien sus historias son similares, no piense ni por un segundo que son idénticas.

Jesús no tuvo el colapso de Betsabé, el asesinato de Urías ni adulterio encubierto. Jesús nunca saqueó una ciudad, acampó con el enemigo ni abandonó un niño. Nadie acusó al más justo de los hijos de Belén de poligamia, brutalidad o adulterio. De hecho, nadie acusó con éxito a Jesús de nada.

Trataron. Y en qué forma. Pero cuando los acusadores lo llamaron hijo de Satanás, Jesús pidió pruebas. «¿Quién de ustedes me puede probar que soy culpable de pecado? Si digo la verdad, ¿por qué no me creen?» (Juan 8.46) Nadie pudo. Los discípulos viajaron con él. Los enemigos lo escudriñaron. Los admiradores lo estudiaron. Pero nadie pudo culparlo de pecado.

Nadie lo notó en el lugar equivocado ni diciendo las palabras erradas, ni lo vieron respondiendo de forma errónea. Pedro, el compañero de Jesús durante tres años, dijo: «El que no cometió ningún pecado ni hubo engaño alguno en sus labios» (1 Pedro 2.22). Pilatos era la cabeza de la versión romana de la CIA [Agencia Central de Inteligencia, por sus siglas en inglés], aun cuando trató de encontrar faltas en Jesús, falló (Juan 18.38). Y aun el demonio llamó a Jesús: «¡El Santo de Dios!» (Lucas 4.34)

Jesús nunca perdió la huella.

Igualmente sorprendente es que nunca se distancia de los que lo hacen.

Sólo lea el primer versículo del Evangelio de Mateo. Jesús supo los caminos de David. Fue testigo del adulterio, sintió dolor por los asesinatos y se afligió por la deshonestidad. Pero las fallas de David no cambiaron la relación de Jesús con él. El versículo inicial del primer capítulo del primer Evangelio llama a Cristo «el hijo de David» (Mateo 1.1). El título no contiene renuncias, explicaciones o asteriscos. Yo hubiera agregado una nota al pie: «Esta conexión de ninguna manera ofrece una aprobación tácita al comportamiento de David». Ese tipo de palabras no aparecen. David se alivia. Jesús lo supo. Pero de todas maneras lo reclama.

Él hizo por David lo que mi padre hizo por mi hermano y por mí.

Volviendo a nuestros días de la escuela primaria, mi hermano recibió una escopeta de aire comprimido por Navidad. Inmediatamente, en el patio trasero de nuestra casa, nos pasamos la tarde disparando a un blanco de arquería. Como nos comenzábamos a cansar por la facilidad de hacer centro en el círculo, mi hermano me mandó a buscar un espejo de mano. Ubicó el revólver sobre su hombro, puso el centro del blanco mirando a través del espejo e hizo su mejor imitación de Búfalo Bill. Pero no dio en el blanco. Y tampoco tuvo en cuenta la bodega que se hallaba detrás del blanco, ni la cerca detrás de la bodega. No teníamos idea de hacia dónde había volado el perdigón. Sin embargo, nuestro vecino del otro lado del callejón sí supo. Inmediatamente apareció por detrás de la cerca preguntando quién había disparado y quién iba a pagar por el vidrio de su puerta corrediza.

En ese momento desconocí a mi hermano. Cambié mi apellido y dije ser un visitante de Canadá. Pero mi padre tuvo una actitud más noble que la mía. Cuando escuchó el ruido, apareció en el patio trasero, recién levantado de su siesta, y habló con el vecino.

Jesús lo llama a usted hermano, la llama a usted hermana. La pregunta es: ¿Lo llama usted a Él Salvador?

Entre sus palabras pude escuchar las siguientes:

«Sí, ellos son mis hijos. Yo pagaré por el error».

Cristo dice lo mismo sobre usted. Sabe que yerra al blanco. Sabe que no puede pagar por sus errores. Pero Él puede. «Dios lo ofreció como un sacrificio de expiación que se recibe por la fe en su sangre, para así demostrar su justicia» (Romanos 3.25).

Puesto que fue libre de pecados, Él pudo.

Puesto que lo ama, Él pudo. «En esto consiste el amor: no en que nosotros hayamos amado a Dios, sino en que Él nos amó y envió a su Hijo para que fuera ofrecido como sacrificio por el perdón de nuestros pecados» (1 Juan 4.10).

Comenzó siendo uno de nosotros para redimirnos. «Tanto el que santifica como los que son santificados tienen un mismo origen, por lo cual Jesús no se avergüenza de llamarlos hermanos» (Hebreos 2.11).

No estaba avergonzado de David. No está avergonzado de usted. Él lo llama a usted hermano, la llama a usted hermana. La pregunta es: ¿Lo llama usted a Él Salvador?

Tómese un momento y responda esta pregunta. Quizá nunca lo haya hecho. Quizá nunca supo cuánto le ama Cristo. Ahora lo sabe. Jesús no desconoció a David. Tampoco lo desconocerá a usted. Simplemente aguarda su invitación. Una palabra de su parte y Dios hará otra vez lo que hizo con David y millones como él: pedirá por usted, lo redimirá y utilizará. Cualquier palabra lo hará. Pero estas parecen apropiadas.

Jesús, mi Salvador y quien mata a los gigantes, te pido misericordia y fuerza y la vida eternal. Confío en ti con mi corazón y te ofrezco mi vida. Amén.

Pronuncie este tipo de palabras con un corazón sincero y asegúrese de esto: derrotará a su Goliat más importante. Sus fracasos serán parte del pasado y derrotará la muerte. El poder que fue capaz de hacer pigmeos a los gigantes de David, hará lo mismo con los suyos.

Usted puede enfrentar a sus gigantes. ¿Por qué? Porque primero se enfrentó con Dios.

Guía de estudio

Escrita por
Steve Halliday

1
Enfrente a sus gigantes

Reconocimiento

1. Usted conoce a Goliat. Reconoce sus pasos y se estremece ante su charla. Ha visto a su Godzilla; la pregunta es: ¿es él todo lo que ve? Conoce su voz, pero ¿es eso todo lo que usted escucha?
   A. ¿A qué Goliat tuvo que hacer frente en el pasado?
   B. ¿Cómo bloquea Goliat su visión de Dios y hace más dificil escuchar al Señor?

2. David se especializa en Dios. Él no ve al gigante; por el contrario, sólo ve a Dios.
   A. ¿Qué cree que significa especializarse en Dios?
   B. ¿Cómo especializarse en Dios ayuda a reducir los Goliats de su vida?

3. La vida de David tiene poco para ofrecer al santo sin manchas. Las almas perfectas encuentran la historia de David decepcionante. El resto, tranquilizadora. Manejamos la misma montaña rusa. Alternamos entre saltos de ángel y planchazos, suflés y tostadas quemadas.
   A. ¿En qué áreas de la vida está más expuesto a hacer saltos de ángeles y más suflés? ¿Y en qué áreas usted tiene más probabilidades de hacer planchazos y tostadas quemadas?
   B. ¿Encuentra la historia de David tranquilizadora? ¿Por qué sí o por qué no?

4. Los pensamientos en Dios superan a los de Goliat nueve a uno. ¿Cómo se compara esta proporción con la suya? ¿Considera la gracia de Dios cuatro veces más que lo que considera sus culpas? ¿Es su lista de bendiciones cuatro veces más extensa que su lista de reclamos? ¿Es su archivo mental de esperanza cuatro veces más grueso que su archivo mental de temores? ¿Está cuatro veces más dispuesto a describir la fuerza de Dios como lo está para describir las demandas de su día?
   A. ¿Cómo respondería a cada pregunta que Max formula, señaladas arriba?
   B. ¿Cómo podría incrementar sus pensamientos hacia Dios y disminuir sus pensamientos hacia Goliat?

5. Concentrándose en sus gigantes, usted tropieza. Concentrándose en Dios, sus gigantes caen.
   A. Cuando usted se concentra en sus gigantes, ¿qué clase de tropiezos tiende a realizar?

B. Cuando usted se concentra en Dios, ¿qué clase de caídas sus gigantes tienden a producir?

Órdenes para partir

1. Lea Samuel 17.1-54.

   A. ¿Cómo difiere la perspectiva de David de la perspectiva de sus compatriotas?

   B. ¿Qué motivo tiene David para tener confianza en sí mismo en la pelea contra Goliat? (vv. 34-37).

   C. ¿Qué revelan los versículos 45-47 acerca del hombre conforme al corazón de Dios?

2. Lea Isaías 51.12-15.

   A. ¿Por qué el Señor dice que, como simples mortales, no deberíamos temer?

   B. ¿Qué ocurre cuando olvidamos a nuestro Creador?

   C. ¿Qué clase de planes tiene Dios para nosotros?

3. Lea Hebreos 12.1-3.

   A. En cuanto a su experiencia personal, ¿las vidas de quiénes alientan su fe? ¿Por qué?

   B. ¿Por qué deberíamos fijar nuestros ojos en Jesús? ¿Cómo se lo describe?

   C. ¿Cuál es el resultado de fijar nuestros ojos en Él de esta manera?

Líneas de combate

¿Cuál es el problema mayúsculo que usted enfrenta ahora mismo? ¿Qué es lo que Goliat está haciendo saltar a la vista, burlándose y desafiando a Dios para que lo rescate a usted? Considere apartar una hora para concentrarse en Dios, en su poder, su sabiduría y su gloria, y en los cuales se concentre también en orar para pedirle ayuda sobre ese problema. ¡Mire cómo Dios convierte el ayuno en un punto decisivo de cambio en esta batalla!

2
LLAMADAS SILENCIOSAS

Reconocimiento

1. Usted conoce lo que se siente. El teléfono no sonó tampoco para usted... Cuando solicitó un empleo o cuando lo hizo para el club, trató de que ocurriera o de obtener ayuda... pero el llamado nunca se produjo. Conoce el dolor que se siente cuando se espera el sonido del teléfono y sin embargo éste no suena. Todos lo conocemos.
   A. Describa la última vez que el teléfono no sonó para usted, ¿qué ocurrió?
   B. ¿Por qué es tan doloroso cuando el llamado no se produce?

2. En hebreo «el más joven de los hijos» es haqqaton. Implica más que la edad, sugiere el rango. El haqqaton era más que el hermano menor, era el pequeño hermano, el renacuajo, el hobbit (personaje imaginario creado por Tolkien), el bebé.
   A. De qué manera ha sido el haqqaton de algún grupo u organización importante para usted?
   B. ¿Qué es lo más desagradable de ser el renacuajo del basurero?

3. ¡Oh, el Goliat de la exclusión! ¿Está usted enfermo de él? Entonces es el momento de dejar de mirarlo fijamente. ¿A quién le

preocupa lo que él o ellos piensen? Lo realmente importante es lo que su hacedor piense.

A. ¿Por qué es tan complicado dejar de mirar fijamente al Goliat de la exclusión?

B. ¿Qué opina de lo que su hacedor piensa de usted, ahora mismo, hoy, en este preciso momento?

4. Dios vio lo que ningún otro más pudo ver: un corazón buscador de Dios. David, a pesar de todas sus debilidades buscó a Dios como una alondra busca el amanecer. Se pareció al corazón de Dios porque permaneció en su corazón. Finalmente, es todo lo que Dios quería o necesitaba... quiere o necesita.

A. ¿Qué piensa que significa buscar el corazón de Dios?

B. ¿Usted tiene un corazón que busca a Dios? ¿Cómo dirige sus días un corazón hambriento de Dios?

5. La historia del joven David nos asegura esto: su Padre conoce su corazón, y porque es así, tiene un lugar reservado precisamente para usted.

A. ¿Lo alivia o lo alarma saber que Dios conoce su corazón? Explique.

B. ¿Usted piensa que Dios tiene un lugar reservado precisamente para usted? ¿Por qué sí o por qué no?

Órdenes para partir

1. Lea 1 Samuel 15-16 y 1 Crónicas 10.13-14.

A. ¿Por qué el Señor rechaza a Saúl como rey?

B. ¿Cómo el temor de Samuel a Saúl amenazó la voluntad de Dios?

C. ¿Cuál fue el resultado de la desobediencia de Saúl?

2. Lea 1 Samuel 13.14 y Hechos 13.22.
   A. De acuerdo con 1 Samuel 13.14, ¿qué rasgo o característica estaba buscando Dios en las personas que conducirían a su gente?
   B. De acuerdo con Hechos 13.22, ¿cómo estas preciadas características se manifestarían en la vida de David?
   C. ¿Se encuentra esta característica en su vida? ¿Su comportamiento confirma o niega esta característica?

3. Lea 2 Crónicas 16.9a.
   A. ¿A quiénes buscan constantemente los ojos del Señor por todo el planeta?
   B. ¿Por qué el Señor busca a esa gente?
   C. ¿Cómo puede usted comenzar a ser ese tipo de persona?

Líneas de combate

Una de las mejores maneras de comenzar a ser una persona conforme al corazón de Dios, es compartir su tiempo con hombres y mujeres que lo son. Identifique dos o tres creyentes maduros que usted considere que tienen una verdadera aproximación a Cristo, y pídales poder entrevistarlos. Descubra qué hace que ellos puedan ser aceptados, cómo cultivan su relación con Dios y qué hacen cuando se sienten desanimados.

3
EL FURIOSO SAÚL

Reconocimiento

1. ¿Qué ogros recorren su mundo? Madres controladoras. Entrenadores de la escuela de Stalin. La ruda maestra de matemáticas. El autoproclamado «comandante» de la oficina.
   A. ¿Cómo responde a la pregunta de Max arriba detallada?
   B. Cuando sus ogros lo confrontan, ¿cómo reacciona normalmente?
2. ¿Cómo Dios responde en esos casos? ¿Destruyéndolos? Podríamos querer eso de Él. Se le ha conocido por extraer a unos pocos Herodes y faraones. Cómo tratará a los suyos, no puedo decirlo. Pero cómo lo tratará a usted, sí puedo. Él le enviará a un Jonatán.
   A. ¿Por qué cree que Dios responde de diferentes maneras a las destrucciones que causan tanto problema en nuestro mundo?
   B. ¿Quién es el Jonatán que Dios le envió? Describa a ella o a él.
3. ¿Añora a un verdadero amigo? Usted tiene uno. Y porque es así, tiene una oportunidad. Puede concentrarse en su Saúl o en su Jonatán, ponderar la malicia de su monstruo o la bondad de su Cristo.
   A. ¿Dónde usted tiende a ubicar su centro cuando un Saúl o un monstruo lo confronta?
   B. ¿Cómo puede mejorar el enfoque sobre la bondad de su Cristo? ¿Qué pasos prácticos podría tomar?

4. Perdurar demasiado sintiendo dolor, terminará oliendo como la toxina que despide.
   A. De las heridas que ha sufrido, ¿cuál de ellas tuvo el mayor poder de mantenerlo atrapado?
   B. ¿Por qué quedarse con un tremendo dolor hace que usted huela como la toxina que despide?

5. Pase libre y diariamente a través de la galería de bondades de Dios. Tome conciencia de su bondad. Todas las cosas, desde los atardeceres a la salvación. Mire lo que tiene. Su Saúl toma mucho, pero Cristo le da más. Permita que Jesús sea el amigo que usted necesita.
   A. Tome lápiz y papel, haga una lista de las bondades que Dios ha producido sólo esta semana.
   B. ¿De qué modos Cristo le ha dado más que lo que Saúl ha tomado?

Órdenes para partir

1. Lea 1 Samuel 18.6-29.
   A. ¿Qué fue lo primero que hizo enfurecer a Saúl respecto de David? ¿Por qué eso lo hizo enfurecer?
   B. ¿Qué hizo que Saúl temiese de David? (v. 12).
   C. ¿Qué acciones causaron los celos de Saúl?

2. Lea 1 Samuel 18.1-4; 20.1-42; 23.16.
   A. ¿Cómo describiría la relación de amistad de David y Jonatán?
   B. ¿Quién arriesgó más, David o Jonatán, en su relación de amistad?

C. ¿Cuál es quizás el elemento más importante de una profunda relación de amistad, como se muestra en 1 Samuel 23.16? ¿Qué significa «lo animó a seguir confiando en Dios»?

3. Lea 2 Timoteo 4.16-18.

A. ¿Cuál de todos los amigos de Pablo lo respaldó al final de su vida?

B. ¿Quién estuvo a su lado?

C. ¿Cómo esta amistad le dio a Pablo fuerza y ánimo?

Líneas de combate

Nos dijeron que Jonatán «animó a David a seguir confiando en Dios». Una de las mejores maneras de aumentar nuestra espiritualidad es ayudar a otro u otra a crecer espiritualmente. ¿Quién cree usted que necesita que ahora mismo lo animen? Tome la iniciativa, y realice lo que pueda para «animar a_______________a seguir confiando en Dios». Asegúrese de hacer esto auténtica, genuina y sensiblemente.

4
DÍAS DESESPERADOS

Reconocimiento

1. La fe de David se está debilitando. No demasiado tiempo atrás, la honda del pastor era todo lo que necesitaba. Ahora, el que rechaza la armadura y la espada de Saúl pide un arma del sacerdote. ¿Qué le ha ocurrido a nuestro héroe? Es simple. Ha perdido su enfoque en Dios.

A. ¿Qué cree que causó que David perdiera su concentración en Dios?

B. ¿Qué es lo que generalmente provoca que usted pierda su enfoque en Dios?

2. Pan y espadas. Alimento y equipo. La Iglesia existe para proveer ambos.

A. ¿Cómo hace su iglesia para proveer «pan» (alimento) y «espadas» (equipo) a aquellos que lo necesitan?

B. ¿Qué parte juega usted en este rol de proveedor?

3. Jesús apela a que la Iglesia se conduzca en la dirección de la compasión.

A. ¿Por qué es esta compasión tan importante para Jesús?

B. ¿Cómo tiende usted a mostrarles a los demás la compasión de Jesús?

4. Al final del día del santuario, la pregunta no es cuántas leyes ha violado, sino a cuántos David alimentó y equipó. Ajimélec enseña en la Iglesia a seguir el espíritu de la ley más que su escritura.

A. ¿Encuentra más fácil seguir el espíritu de la ley más que su escritura? Explique.

B. ¿Qué es lo que tiende a ocurrir cuando usted sigue el espíritu de la ley más que su escritura?

5. David en esta historia tropieza. Las almas desesperadas siempre lo hacen. Pero al menos tropieza en el lugar correcto, en el santuario de Dios, donde se encuentra Dios y asiste a los corazones desesperados.

A. En los años transcurridos, ¿cómo Dios lo ha asistido luego de un tropiezo?

B. ¿Quién en su vida necesita ser asistido luego de un tropiezo?

Órdenes para partir

1. Lea 1 Samuel 21.1-9.

   A. ¿Por qué cree usted que David le mintió al sacerdote?

   B. ¿Por qué David quería la espada de Goliat?

   C. ¿Tomar una espada necesariamente implica una falta de fe? Explique.

2. Lea Romanos 8.38-39.

   A. ¿Qué confianza expresa Pablo en este pasaje?

   B. ¿Cómo esta clase de confianza ayuda a alguien a enfrentar las dificultades de la vida?

   C. ¿Tiene usted esta confianza? ¿Por qué sí o por qué no?

3. Lea Juan 20.19-22.

   A. ¿Cómo Jesús responde al temor de sus discípulos?

   B. ¿Qué misión le dio Jesús a sus discípulos?

   C. ¿Qué poder les dio Jesús a sus discípulos para llevar a cabo su misión?

Líneas de combate

Como miembro de la iglesia de Cristo, es un privilegio para usted proveer a otros de alimento y equipo. ¿Quién en su iglesia podría no tener las necesidades básicas satisfechas? Localice a alguien que se encuentre con estas necesidades esta semana.

5
ÉPOCAS DE SEQUÍA

Reconocimiento

1. El desierto comienza con la desconexión y continúa con el engaño.
   - A. ¿Qué ha ocurrido en su vida cuando se desconectó de sus importantes relaciones?
   - B. ¿Por qué al engaño le sigue una desconexión personal? ¿A qué conducen el engaño y la desconexión?
2. ¿Lo ha separado su Saúl de la posición que tenía y de la gente que ama? En un esfuerzo por caer bien parado, ¿ha modificado o distorsionado la verdad o los hechos?¿Está buscando refugio en Gat? Bajo circunstancias normales, usted nunca iría allí. Pero ésas no son circunstancias normales, entonces merodea las tierras de los gigantes.
   - A. ¿Cómo respondería a las preguntas de Max arriba detalladas?
   - B. ¿Qué es Gat para usted? ¿Qué causaría que esté merodeando esos lugares?
3. Haga de Dios su refugio. No su trabajo, su esposa, su reputación o su cuenta de jubilación. Haga de Dios su refugio. Permítale a Él, no a Saúl, que lo rodee. Permítale ser el techo que rompe el sol, las paredes que paran el viento, el fundamento sobre el cual se erige.
   - A. ¿Cómo hace de Dios su refugio?
   - B. ¿Qué necesita cambiar en su vida para hacer de Dios su refugio?

4. «Tú nunca sabrás que Jesús es todo lo que necesitas hasta que Jesús sea todo lo que tengas».
   A. ¿Está de acuerdo con esta frase? ¿Por qué sí o por qué no?
   B. ¿Ha sentido alguna vez en su vida que tuvo nada más que a Jesús? Si es así, describa ese momento.

5. ¿Está usted en su desierto? Llegue hasta Dios como un fugitivo lo haría hasta una cueva. Encuentre refugio en la presencia del Señor y confort entre su gente. Ésta es su clave para sobrevivir en el desierto.
   A. Describa un momento en el que buscó refugio en la presencia de Dios.
   B. ¿Cómo la gente de Dios lo confortó? ¿Cómo usted, de la misma manera que recibió, le entregó bienestar a los demás?

Órdenes para partir

1. Lea 1 Samuel 21.10-22.2.
   A. ¿A qué le temía David?
   B. ¿Cómo reaccionó David a causa de su temor?
   C. ¿Su accionar lo dañó o lo ayudó? Explique.

2. Lea Salmos 57.1-3.
   A. ¿A dónde recurrió David por ayuda escapando de sus enemigos?
   B. ¿Qué significa «refugio» para David en este salmo?
   C. ¿Qué respuesta espera David recibir de parte de Dios? ¿Por qué espera esa respuesta?

3. Lea 1 Corintios 1.26-31.
   A. ¿Cómo Pablo caracteriza a los miembros de la iglesia? ¿Por qué es esto significante?
   B. ¿Por qué Dios elige a esos que eligió? ¿Qué espera lograr?
   C. De acuerdo con este pasaje, ¿cuál debería ser la perspectiva de un creyente en Cristo?

Líneas de combate

Aquellos que más necesitan que los conforten, generalmente no se arriesgan a pedirlo. Trate de fijarse en su círculo de relaciones quién podría sentirse desconectado y solo. Invite a esa persona a comer o a dar un paseo. No prepare una charla, sólo «esté ahí» para él o para ella y pídale a Dios que use sus esfuerzos para que esa persona encuentre refugio en Él.

6
LOS QUE PROPORCIONAN DOLOR

Reconocimiento

1. Piense sobre los proveedores de dolor en su vida. Una cosa son las bendiciones para los amigos, pero ¿dar bendiciones para aquellos que nos causan dolor? ¿Usted podría?
   A. ¿Quiénes son los proveedores de dolor de su vida? ¿Cómo tomaría usted el darles bendiciones a ellos? ¿Qué cree que eso parecería?
   B. ¿Cómo evita la tendencia natural de proporcionarles dolor a aquellos que se lo proporcionan? ¿Cómo podría hacer del hecho de darle bendiciones a la gente un hábito, en lugar de dolor?

2. La venganza hace que usted fije su atención en las circunstancias más desagradables de su vida. De esa manera queda congelado en esos momentos crueles por los que ha pasado. ¿Es eso lo que quiere mirar? ¿Revivir esas experiencias dolorosas hará que sea una mejor persona? De ninguna manera. Lo destruirá.
   A. Piense en alguien que conozca que pueda usted describir como una persona vengativa. ¿Cuán feliz cree usted que es? Explique.
   B. ¿Por qué la venganza y una vida de dar lo mismo que se ha recibido, destruyen al que se involucra con ese tipo de comportamiento?

3. Sus enemigos aún figuran en los planes de Dios. Su pulso es una prueba: Dios no los abandonó. Tal vez puedan estar fuera de la voluntad del Señor, pero no fuera del alcance de Dios. Usted le hace honor a Dios cuando los ve no como fallas de Él, sino como sus proyectos.
   A. ¿Cómo ayuda pensar en sus enemigos como los proyectos de Dios?
   B. Use su imaginación por un momento: ¿cómo podría Dios utilizar a sus enemigos para beneficiarlo a usted y llevarle a Él gloria?

4. Perdonar no es una excusa. Tampoco lo es el aparentar el perdón. David no encubrió o esquivó el pecado de Saúl. Lo trató directamente. No evitó el tema, pero evitó a Saúl.
   A. ¿Puede ser compatible perdonar a alguien y tratar intencionalmente de evitarlo? Explique.

B. Si el perdonar no es una excusa o una apariencia, ¿qué es? ¿Qué aparenta ser? ¿A quién necesita perdonar ahora mismo?

5. ¿Nos atrevemos a pedirle a Dios bendición cuando rechazamos darla? Éste es un tema importante en las Escrituras. Jesús fue duro con los pecadores que rechazaban perdonar a otros pecadores.

A. Ante los ojos de Dios, ¿es su pecado algo menos pecaminoso que ése de alguien que lo hirió a usted? Explique.

B. ¿Por qué usted cree que Jesús fue tan duro con los pecadores que rechazaban perdonar a otros pecadores? ¿Qué le podría decir Jesús a usted personalmente sobre el tema?

Órdenes para partir

1. Lea 1 Samuel 24, 26.

A. ¿Cómo los hombres de David distorsionaron la profecía para fomentar la malicia en David? (24.4).

B. ¿Por qué David le dio a Saúl esa clase de estima? (24.5-7) ¿A quién estaba David realmente haciendo honor con esa conducta?

C. ¿En las manos de quién confió David su destino y el de Saúl? (26.10-11).

2. Lea Romanos 12.14-21.

A. ¿Cómo se supone que tratan a sus enemigos los creyentes en Cristo?

B. ¿Por qué tienen prohibido vengarse? (v. 19).

C. En lugar del desquite, ¿qué estrategia les entrega Dios a sus hijos? (vv. 20-21).

3. Lea Colosenses 3.13.
   A. ¿Qué significa tolerarse unos a otros?
   B. ¿Por qué los creyentes tienen que perdonar a aquellos que los hirieron?
   C. ¿Por qué el Señor lo perdonó a usted? ¿Qué aspectos del perdón del Señor puede imitar?

Líneas de combate

¿Existe alguien de su pasado a quien le sea imposible perdonar? Dedique algún tiempo en oración con la determinación de perdonar a esa persona. Si es posible, intente una reconciliación. No permita que el rencor arroje ácido sobre su alma.

7
COMPORTAMIENTO BRUTAL

Reconocimiento

1. Su bondad prueba ser contagiosa y Gordon los imita. Empieza a compartir su ración y a ocuparse de los enfermos. Es más, entrega sus pocas pertenencias. Otros soldados, al verlo, hacen lo mismo. Luego de un tiempo, la situación en el campo se hizo más suave y más luminosa.
   A. Describa un momento en su vida en que haya observado que la influencia de una persona haya cambiado la atmósfera de un grupo u organización.

B. ¿Qué ambiente específico pudo reformar gracias a su buena influencia?

2. ¿Los pronombres posesivos dominan el lenguaje de su círculo? *Mi* carrera, *mis* sueños, *mis* cosas. Quiero que las cosas se encaminen a *mi* tiempo y a *mi* forma. Si es así, usted sabe qué salvaje ese gigante puede ser.
   A. Piense sobre el día que tuvo. ¿Cuánto de su tiempo lo consumió pensando en usted mismo?
   B. ¿Cuál es el mayor problema que tiene el sostenido enfoque en sí mismo con la exclusión de todo lo demás?
3. La dulzura de Abigaíl revierte un río de odio. La humildad tiene tal poder. Las disculpas pueden desarmar peleas. La contrición puede desactiva la rabia. Las ramas de olivo hacen más bien que las hachas para la lucha.
   A. Describa a una tierna persona que alguna vez haya conocido. ¿Qué tipo de influencia tuvo esta persona en los otros?
   B. ¿Es para usted la humildad una lucha? ¿Por qué sí o por qué no?

4. Abigaíl se ubicó entre David y Nabal. Jesús se ubicó entre Dios y nosotros. Abigaíl, voluntariamente, se arriesgó a que la castiguen por los pecados de Nabal. Jesús le permitió al cielo que lo castigara por los pecados de ustedes y los míos. Abigaíl no admitió el odio de David. ¿No lo protegió Cristo a usted de Dios?
   A. ¿Qué cree usted que motivó que Abigaíl actuara como lo hizo?
   B. ¿Lo protegió Cristo a usted de la cólera de Dios? Explique.

5. Un prisionero puede cambiar el campamento. Una Abigaíl puede salvar a una familia. Sea la belleza en el medio de su bestia y vea qué ocurre.
   - A. ¿Cómo puede usted ser la belleza que traiga paz a una tensa o enojosa situación?
   - B. ¿Qué esperaría conseguir?

Órdenes para partir

1. Lea 1 Samuel 25.
   - A. ¿Cómo describió el sirviente de Abigaíl el trato que recibió él y sus amigos de parte de David y de sus hombres? (vv. 14-16).
   - B. ¿Qué mentira se dijo a sí mismo, preparándose para tomar venganza sobre Nabal? (vv. 21-22).
   - C. ¿Quién impidió que David se vengase, de acuerdo con lo dicho por Abigaíl? (v. 26). ¿Por qué es esto significante?

2. Lea Proverbios 15.1.
   - A. ¿Qué mitad de este versículo Nabal manifestó?
   - B. ¿Qué mitad de este versículo Abigaíl manifestó?
   - C. ¿Qué mitad de este versículo usted normalmente manifiesta?

3. Lea Filipenses 4.5.
   - A. ¿Qué rasgo exhorta mostrar este versículo a los creyentes? ¿A quién este rasgo tiene que ser expuesto?
   - B. ¿Qué reflexión inesperada se conecta con esta directiva? ¿Cómo cree usted que se une ese pensamiento?
   - C. ¿Qué cree que significa ser amable?

Líneas de combate

Piense en alguien a quien usted haya lastimado, insultado o se haya ganado su antipatía. Pídale a Dios que le dé la gracia y la humildad para poder aproximarse a esa persona y pedirle su perdón. Podría ser difícil, pero ore que el Señor le traerá paz y restauración a esta situación.

8
ARMAS DEVALUADAS

Reconocimiento

1. Sin esperanzas, y para la mayoría, sin Dios. David pone toda su concentración en Saúl. Cuelga un póster de Saúl en su pared y repite sus mensajes. Está inmerso en su temor, hasta que su temor lo controla. «Me destruirá».
   A. ¿Por qué «sin esperanzas» y «sin Dios» generalmente van juntos?
   B. ¿Qué es lo que causa que usted piense «me destruirá»?

2. Esconderse con el enemigo trae un alivio temporal. ¿No es siempre así? Ya no se resista al alcohol y usted reirá... por un momento. Márchese de su casa, de su esposa y se relajará... por un tiempo. Dése el gusto con la pornografía y tal vez se entretendrá... por una temporada. Pero entonces sentirá que hay garras que lo hunden. Olas de culpa que se estrellan. La ruptura de la soledad que se aproxima.
   A. ¿De qué manera a veces se esconde con el enemigo? ¿Qué espera obtener de eso?
   B. ¿Por qué finalmente esconderse con el enemigo no funciona?

3. Deje de hablarse. Háblele a Cristo, que lo invita. «Vengan a mí todos ustedes que están cansados y agobiados, y yo les daré descanso» (Mateo 11.28).
   A. ¿Qué clase de grabación escucha una y otra vez en su cabeza? ¿Qué clase de cosas irreproducibles se dice a usted mismo?
   B. ¿Ha experimentado alguna vez el descanso que proporciona Jesús? Si es así, descríbalo. Si no lo es, ¿qué le impide buscarlo?

4. Esté pronto para orar, siga saludables consejos y no los abandone.
   A. ¿Qué relación existe entre una oración regular y la capacidad para perdurar?
   B. ¿A quién puede recurrir para recibir consejos saludables?

5. Que no lo engañe la neblina de la depresión. El final podría llevarlo hacia fuera. Dios quizás, en ese momento, levante su mano haciéndole una señal a Gabriel para que tome su trompeta. Los ángeles quizás estén juntos, los santos reunidos, los demonios temblando. ¡Quédese! Quédese en el agua. Quédese en la carrera. Quédese en la pelea. Entregue gracia una vez más. Sea generoso una vez más. Enseñe una clase más, anime un alma más, dé una brazada más.
   A. ¿Qué cosa o tarea que considera buena, está ahora mismo más tentado a abandonar?
   B. Describa una situación en la que alguien que usted conoce terminó exitosamente lo que se había propuesto, a pesar de los obstáculos. ¿Qué impacto tuvo en usted ese ejemplo de vida?

Órdenes para partir

1. Lea 1 Samuel 27.

   A. ¿De qué manera la estrategia general de David para escapar de Saúl estaba basada en una mentira? (v. 1).

   B. ¿Cómo la estrategia general de David para poder estar en la tierra de los filisteos dependía de una sarta de mentiras? (vv. 8-11).

   C. ¿Por qué las mentiras nunca son buenas como base para la construcción de un sólido futuro?

2. Lea Proverbios 14.12.

   A. ¿Cómo ilustró la escala de David en tierra de los filisteos la verdad de este versículo?

   B. Si los caminos de Dios son siempre mejores a los nuestros, entonces ¿por qué elegimos nuestros propios caminos?

   C. ¿Cómo puede estar seguro de que su vida no ilustra la verdad de este versículo?

3. Lea Mateo 11.28.

   A. ¿Cuál es la promesa descrita en este versículo?

   B. ¿A quién está dirigida la promesa?

   C. ¿Qué es lo que uno debe hacer para sacar provecho de la promesa otorgada?

Líneas de combate

Haga hincapié en «acentuar lo positivo» durante la semana. Conscientemente realice comentarios positivos a aquellos quienes se contactan con usted, especialmente quienes no lo esperan: un empleado del supermercado, un vecino, el cartero, un camarero. Al final de la semana, fíjese qué ocurrió con ambos: con usted y con ellos.

9
MOMENTOS EN QUE UNO SE DEJA CAER SIN FUERZAS

Reconocimiento

1. Los sistemas de ayuda no siempre ayudan. Los amigos no son siempre amigables. Los pastores pueden desviarse y las iglesias perder el contacto con la realidad. Cuando nadie puede ayudar, tenemos que hacer lo que hizo David. Volver hacia Dios.
   - A. Describa un momento en el que uno de sus sistemas de ayuda le falló. ¿Cómo respondió usted a eso? ¿A dónde se dirigió?
   - B. ¿En qué áreas de su vida necesita más dirigirse a Dios?

2. ¿Qué hacemos con la gente del arroyo de Besor? ¿Los reprendemos? ¿Nos avergonzamos? ¿Los dejamos descansar? ¿O hacemos lo que hizo David? David les permitió quedarse.
   - A. ¿Qué es lo que usted se inclina a hacer con la gente del arroyo de Besor?
   - B. ¿Cuándo fue la última vez que usted fue una persona del arroyo de Besor? ¿David le permitió quedarse? Explique.

3. David realizó muchas grandes hazañas en su vida, y también muchas tontas hazañas. Pero quizá la más noble fue la más raramente discutida: honró a los exhaustos soldados del arroyo de Besor.

A. ¿Por qué diría Max que la más noble de las hazañas fue honrar a sus exhaustos soldados del arroyo de Besor? ¿Usted estaría de acuerdo con esta afirmación? Explique.

B. ¿Quiénes son los soldados más cansados de su vida, a quien usted podría honrar así como lo hizo David? ¿De qué manera específica podría honrarlos?

4. Está bien descansar. Jesús es su David. Él pelea cuando usted no puede. Él va adonde usted no puede. No se enoja si usted se sienta.

A. ¿Siempre siente que Jesús está enojado con usted cuando se sienta? Explique.

B. ¿De qué maneras Jesús ha peleado cuando usted no pudo hacerlo? Describa unas pocas y específicas situaciones.

Órdenes para partir

1. Lea 1 Samuel 30.1-25.

A. ¿Cómo David sobrellevó esta traumática experiencia? (v. 6).

B. ¿Cómo Dios mostró su bendición a David a pesar de sus desgracias en territorio de los filisteos? (vv. 18-19).

C. ¿A quién atribuyó David su victoria? (v. 23). ¿Cómo esto ayuda a explicar su orden acerca del botín?

2. Lea Marcos 6.31.

A. ¿Cómo describiría el nivel de actividad de los discípulos en esta escena?

B. ¿Cuál fue la receta de Jesús para sus cansados discípulos?

C. ¿Cómo la receta de Jesús se relaciona con su situación particular?

3. Lea Filemón 1.20.

A. ¿Qué estaba pidiendo Pablo aquí?

B. ¿Cómo Pablo esperaba beneficiarse, si le concedían su petición?

C. ¿El corazón de quién puede usted «reconfortar en el Señor» hoy? ¿Cómo podría hacerlo?

Líneas de combate

Parar por un momento y obtener algún descanso está realmente bien. ¡Entonces tómese un recreo! Vaya a algún lugar dónde realmente sienta que está relajándose y reconfortándose, y que sólo está pasando un tiempo. Visite un parque, haga una caminata o un paseo en auto. Lo que pueda ayudarlo a recargar sus baterías. Apague su teléfono celular, deje el trabajo atrás y descanse. Dios estará satisfecho.

10
Dolor indescriptible

Reconocimiento

1. La tumba provoca un indescriptible dolor que no tiene respuestas, estamos tentados a dar la vuelta e irnos. Cambiar de tema y eludir el problema, trabajar muy duro, tomar en cantidades, mantenernos muy ocupados, permanecer distantes, conducirnos al norte de Montana y no mirar hacia atrás.

A. ¿Cómo reacciona ante la muerte, especialmente la muerte de un ser querido?

B. ¿Por qué en general evitamos pensar en ese dolor? ¿Qué se logra con esto?

2. Justo cuando piensa que la bestia del dolor se ha ido, escucha una canción que a ella le gustaba, o huele la colonia que usaba o pasa por un restaurante al que solían ir a comer. El gigante se muestra.

   A. ¿Cómo es que la pena ha retornado a usted sin advertencia?

   B. Cuando el gigante del dolor lo acecha, ¿cómo suele responder? ¿Cómo se maneja con el dolor personal?

3. Entienda la gravedad de su pérdida. Usted no perdió en el juego Monopoly o no encuentra sus llaves. De esto, no puede salir. Entonces, en algún punto, en minutos o en meses, usted necesita hacer lo que hizo David: enfrentar el dolor.

   A. Piense el más grande dolor al que se está enfrentando en estos momentos. ¿Cómo podría describirlo?

   B. ¿Qué parte de las Escrituras le ha llevado confort en la pesadez de su dolor?

4. Exploramos los más profundos temas en la cueva de la pena. ¿Por qué estamos aquí? ¿Hacia dónde estoy orientado? El cementerio agita con fuerza preguntas vitales.

   A. ¿Qué temas clave de la vida, la muerte lo ha forzado a intentar resolver?

B. ¿Con qué preguntas punzantes lo ha dejado el tema de la muerte? ¿Qué respuestas está todavía buscando?

5. Entonces, siga adelante y enfrente su dolor. Dése tiempo. Permítase las lágrimas. Dios entiende. Sabe la pena que da la muerte. Él enterró a su hijo, pero sabe también la alegría de la Resurrección. Y a través de su poder, usted también lo hará.
   A. ¿Cree usted que existe un tiempo límite general para sentir el dolor? Explique.
   B. ¿Por qué aguarda esperanzadamente la alegría de la Resurrección? Si es así, ¿por qué? Y si no es así, ¿por qué no?

Órdenes para partir

1. Lea 1 Samuel 31 hasta 2 Samuel 1.
   A. ¿Por qué cree que Dios le permitió a Jonatán morir al lado de su padre, Saúl?
   B. ¿Por qué David trató al joven amalecita tan severamente en esta historia?
   C. ¿Qué aprendió en este pasaje sobre la amistad entre David y Jonatán?

2. Lea Eclesiastés 7.3-4.
   A. ¿Qué piensa Dios sobre el luto de los creyentes por sus muertos?
   B. ¿Cómo puede el pesar ser mejor que la risa?
   C. ¿A qué piadoso propósito sirve la tristeza?

3. Lea 1 Tesalonicenses 4.13-18.
   A. ¿Le dice el versículo 13 a los creyentes que es inapropiado llorar a sus seres queridos? ¿Cómo éste consuela a los creyentes?
   B. ¿Qué promesa entrega este texto a todos los que creen en Cristo? ¿Cómo esta promesa trae esperanza?
   C. ¿Por qué es importante contarse uno a los otros la verdad sobre lo que ocurrirá cuando Jesús retorne? (v. 18).

Líneas de combate

Muchos en nuestra cultura encuentran duro apenarse. Nosotros pensamos que el dolor debe tener un término, o debería ocultarse de la vista de la gente. Para tener una mejor idea de lo que constituye un duelo saludable, considere leer el libro *Una pena en observación*, escrito por C. S. Lewis.

11
INTERSECCIONES CIEGAS

Reconocimiento

1. Una de las preguntas gigantes de la vida es *¿cómo puedo saber lo que Dios quiere que yo haga?*
   A. ¿Qué cree usted que Dios lo ha llamado a hacer y a ser? ¿Qué cree que es su principal meta en su vida?
   B. Si no puede actualmente identificar el propósito de Dios para su vida, ¿cómo puede descubrir cuál es la verdadera voluntad que tiene para usted?

2. ¿Tiene una Biblia? Léala.
   A. Describa sus actuales hábitos de lectura.
   B. ¿Cómo le gustaría mejorar su comprensión sobre la Biblia? ¿Cómo podría ser posible que haga de su lectura de la Biblia un ejercicio más interactivo con el Espíritu Santo de Dios?

3. ¿Tiene una familia de fe? Consúltela.
   A. ¿Qué conectado está usted a una familia de fe? ¿Quién podría allí servir eficientemente como un asesor para usted?
   B. ¿Cuán a menudo va a consultar a alguien para poder determinar la voluntad de Dios para usted? ¿Por qué ésta es una sabia práctica?

4. ¿Tiene un corazón para Dios? Préstele atención.
   A. En la escala que se muestra a continuación, ¿dónde ubicaría su corazón para Dios?

Congelado – Frío – Fresco – Tibio – Cálido – Caliente – Abrasador

   B. Cómo podría usar mejor su corazón para poder discernir la voluntad que tiene Dios para usted?

5. A la gente le han enseñado a justificar estúpidamente que se base en sus «sentimientos». «Sentí a Dios conduciéndome a engañar a mi esposa... a serle indiferente a mis cuentas... a mentir a mi jefe... a coquetear con una vecina casada». Téngalo presente: Dios no lo conducirá a violar su Palabra. No va a contradecir sus enseñanzas.

A. ¿Conoce la Palabra de Dios lo suficientemente bien como para no tomar decisiones imprudentes basándose en sus sentimientos? Explique.

B. Describa un momento en el que la sabiduría de la Biblia le impidió a usted o alguien a quien usted conoce, tomar decisiones imprudentes basándose en un sentimiento.

Órdenes para partir

2. Lea 2 Samuel 2.1-4.

A. ¿Qué instrucción específica pidió David en este pasaje? ¿Qué clase de respuesta recibió? ¿Y esto, qué le enseña a usted, si algo, acerca de la oración?

B. ¿Qué pasó cuando David obedeció la instrucción que el Señor le dio? ¿Cree que esto habría pasado si David no hubiera obedecido las directrices de Dios? Explique.

C. ¿Cuál sería la conexión, si la hubiere, entre este pasaje y el principio dado en Santiago 4.2?

2. Lea Salmos 32.8 y Proverbios 3.5-6.

A. ¿Qué es lo que Dios promete en Salmos 32.8? ¿Sobre quién recae la mayor responsabilidad?

B. ¿Cuál es la responsabilidad del creyente en el descubrimiento de la voluntad de Dios, de acuerdo con Proverbios 3.5? ¿Cómo luce esto en la práctica?

C. ¿Qué promesa otorgan las Escrituras en Proverbios 3.6 respecto del descubrimiento de la voluntad de Dios para la vida de una persona? ¿Existen excepciones?

3. Lea Filipenses 2.13; 4.6; Efesios 2.10.
   A. ¿Con qué relaciona Filipenses 2.13 el descubrimiento de la voluntad de Dios para su vida? ¿Qué estímulo le otorga?
   B. Si usted siente ansiedad sobre el llegar a descubrir la voluntad de Dios para su vida, ¿qué lo anima a hacer Filipenses 4.6?
   C. ¿Qué estímulos adicionales encuentra en Efesios 2.10 respecto de hacer y de descubrir la voluntad de Dios para su vida? ¿Qué comprometido está Dios en este proceso?

Líneas de combate

¿Cuán eficiente cree ser para descubrir la voluntad de Dios para su vida? La Biblia en realidad dice bastante acerca de encontrar y hacer la voluntad de Dios. Busque todas las referencias que pueda para encontrar sobre la voluntad de Dios. ¿Qué descubre?

12
FORTALEZAS

Reconocimiento

1. ¿Dónde tiene Satanás su baluarte en usted? «No tocarás este defecto»; él desafía al paraíso, ubicándose de lleno entre la ayuda de Dios y su temperamento explosivo, imagen frágil de usted mismo y desconfianza en la autoridad.
   A. ¿Cómo respondería la pregunta de Max formulada más arriba?
   B. ¿Cómo trata de deshacerse de eso?

2. ¿No le parecería extraordinario que Dios escribiera un *sin embargo* en su biografía? Nació alcohólico, *sin embargo*, llevó una vida sobria. Nunca fue a la escuela, *sin embargo*, llegó a dominar el comercio. No leyó la Biblia hasta la edad de su retiro, *sin embargo*, tuvo una fe perdurable y profunda.
   A. ¿Qué *sin embargo* amaría que Dios escriba en su vida?
   B. ¿Qué *sin embargo* ha escrito Dios ya en su biografía?

3. Usted y yo peleamos con mondadientes; Dios viene con arietes y cañones. Lo que hizo por David, puede hacer por nosotros.
   A. ¿Qué mondadientes ha estado usando para pelear en sus batallas? ¿Funcionó bien?
   B. ¿Le ha pedido a Dios que haga por usted lo que hizo por David? ¿Cuál fue su respuesta?

4. Dos tipos de pensamientos compiten continuamente por su atención. Uno dice: «Sí, usted puede». Y el otro: «No, usted no puede». Uno dice: «Dios lo ayudará». El otro miente: «Dios lo ha dejado». Uno habla el lenguaje del paraíso, el otro engaña en el vernáculo de los jebuseos. Uno proclama la fuerza de Dios. El otro muestra las fallas que usted tiene. Uno anhela formarlo, el otro busca destrozarlo. Y aquí tenemos la gran noticia: usted selecciona las voces que escucha.
   A. ¿Qué voz es la que con más frecuencia escucha? ¿La que proclama la fuerza de Dios o la que le cuenta sus fallas?
   B. ¿Cómo puede conseguir escuchar la voz que lo fortalece y hacer caso omiso de la que lo destroza?

Órdenes para partir

1. Lea 2 Samuel 5.6-10.
   - A. ¿A qué clase de oposición se enfrentó David aquí? ¿Cómo se desenvolvió?
   - B. ¿Qué razón se da para señalar la valentía militar de David? (v. 10).
   - C. ¿Cómo puede usted seguir de la mejor manera el ejemplo de David para derribar los obstáculos que se le presentan en la vida?

2. Lea 2 Corintios 10.3-5.
   - A. ¿Qué clase de guerra es descrita en este pasaje? ¿Cuánto de esta clase de batalla ha visto usted?
   - B. ¿Quién o qué es el enemigo, de acuerdo con el versículo 4? ¿Qué clase de armas se deben usar en esta pelea? ¿Dónde esas armas adquieren su poder?
   - C. ¿Qué duro trabajo se describe en el versículo 5? ¿Usted realiza ese trabajo? Explique.

3. Lea Efesios 1.19-20.
   - A. ¿Qué recursos le ha dado Dios para triunfar en la vida cristiana?
   - B. ¿Cómo sabe que esos recursos son suficientes para vencer cualquier oposición que pudiera presentársele?
   - C. ¿Cómo puede lo que ocurrió tiempo atrás, ser una fuente de fortaleza para usted hoy?

Líneas de combate

El desafío de una situación actual puede ser difícil de llevar a cabo solo. Acérquese a un amigo maduro y confiable y con la ayuda que pueda proporcionarle enfrente a esa fortaleza. Realice una sostenida oración y pídale a su amigo que haga lo mismo. Tenga un diario para tomar nota del progreso que realiza.

13
DEIDAD DISTANTE

Reconocimiento

1. ¿Es Dios una deidad distante? Las madres se preguntan: «¿Cómo puede la presencia de Dios acercarse a mis hijos?» Los padres reflexionan: «¿Cómo puede la presencia de Dios llenar mi casa?» Las iglesias desean la conmovedora ayuda, la curativa presencia de Dios entre ellas.
   A. ¿Usted cree que Dios es una deidad distante? Explique.
   B. ¿Cómo cambiaría su vida si usted estuviera seguro de que Dios no está distante sino muy presente en las experiencias de todos los días?

2. Dios se hace presente, imagínese. Pero viene en sus propios términos. Viene cuando se siguen las instrucciones con cuidado, cuando los corazones están limpios y se ha realizado la confesión.
   A. ¿Cree que es una buena noticia que Dios llegue a nosotros en sus propios términos? Explique.

B. ¿Diría usted que reverencia los mandatos de Dios? ¿Llamaría «limpio» a su corazón? ¿Tiene la costumbre de confesar sus pecados?

3. Las Escrituras no lo muestran a David danzando en ningún otro momento. No bailó sobre Goliat. Nunca se paseó entre los filisteos. Nunca inauguró su período como rey con un vals o se consagró a Jerusalén en un salón de baile. Pero cuando Dios llegó a la ciudad, no pudo siquiera sentarse.
   A. ¿Por qué cree usted que bailó con tantas energías cuando el arca llegó a Jerusalén?
   B. ¿Es la presencia de Dios en su vida una ocasión para danzar? Explique.

4. Dios lo ama mucho como para dejarlo solo, entonces no lo hace. No lo ha dejado a usted sólo con sus temores, sus preocupaciones, sus enfermedades o su muerte. Entonces quítese de encima las inhibiciones y diviértase.
   A. ¿Cómo lo hace sentir que Dios ha prometido no dejarlo nunca solo?
   B. ¿Cómo puede la promesa de Dios permanecer con usted por siempre dándole fuerzas para ir hacia delante *hoy*?

5. El cuerpo sin vida de Uza nos advierte sobre ese tipo de irreverencias. El no sobrecogimiento a Dios conduce a la muerte del hombre. Dios no será evocado, persuadido u ordenado. Él es un Dios personal que ama, cura, ayuda e interviene. No responde a pócimas o a eslóganes inteligentes. Él busca más.

Busca reverencia, obediencia y a los corazones que están hambrientos de Dios.

A. ¿Cómo muestra usted su sobrecogimiento hacia Dios?

B. ¿Cuál es la conexión entre reverencia, obediencia y los corazones que están hambrientos de Dios? ¿A qué conducen estas prácticas al final del camino?

Órdenes para partir

1. Lea 2 Samuel 6.

   A. Compare los versículos 1-7 con Números 4.15. ¿Qué estuvo equivocado en el primer intento de mover el arca? ¿Cómo se pudo prevenir la tragedia?

   B. ¿Cómo describe la Biblia la conducta de David en los versículos 14, 16 y 20? ¿Qué le dice a usted sobre él?

   C. ¿Cómo responde David a la crítica de su esposa en los versículos 21-22? ¿Qué le dice a usted esto, en relación con su carácter?

2. Lea Mateo 28.18-20.

   A. ¿Por qué puede estar extremadamente seguro de que lo que Jesús le ordena hacer usted lo puede conseguir? (v.18).

   B. ¿Qué parte de la tarea que Jesús describe realiza usted en los versículos 19-20?

   C. ¿Cómo el versículo 20 deja en claro que esta promesa y misión no fueron intentadas sólo por los discípulos de Jesús en el primer siglo?

3. Lea Hebreos 10.22.

A. ¿Qué nos animan a hacer en este versículo?
B. ¿Cómo nos animan a hacerlo?
C. ¿Cómo nos es posible realizarlo?

Líneas de combate

Muchos de nosotros estamos tan acostumbrados al confort de la vida moderna que nos equivocamos sobre la apreciación de la creación de Dios. Para realzar su apreciación de la majestuosidad y esplendor de Dios, y ganar un gran sobrecogimiento de su poder, encuentre un lugar lejos de las luces de la ciudad, y pase unas pocas horas en la campiña, apreciando la majestuosidad del cielo en la noche. Cuente las estrellas, si quiere, y recuerde que Dios creó a cada uno y los llama a todos por su nombre. ¡Qué maravilloso es Dios!

14
PROMESAS PERMANENTES

Reconocimiento

1. A David lo movió una promesa. El rey actúa con amabilidad no porque el niño lo merezca, sino porque la promesa es duradera.
   A. ¿Qué promesas han significado lo más importante a lo largo de los años? ¿Quién las hizo? ¿Cómo las mantuvieron?
   B. ¿Por qué una promesa duradera es tan reconfortante? ¿Podría decir que sus promesas son perdurables? Explique.

2. Dios hace promesas y nunca las rompe. La palabra que en hebreo se utiliza para pacto es *beriyth*, que significa «un solemne acuerdo de fuerzas vinculadas». Su irrevocable pacto corre como un hilo escarlata a través del tapiz de las Escrituras.

A. ¿Cómo Dios muestra su compromiso para mantener sus promesas en su vida?

B. ¿Cómo hace que usted se sienta el saber que la promesa de Dios le provee el fundamento para su salvación?

3. Su vida eterna es la que ha causado un convenio, ha asegurado un convenio y se ha basado en un convenio. Usted puede poner a Lodebar en el espejo retrovisor, por una razón: Dios mantiene sus promesas. ¿No debería la promesa de Dios inspirar las suyas?

A. ¿Cómo su vida sería diferente si Dios no mantuviera su promesa?

B. ¿Por qué debería el hecho de que Dios mantiene su promesa ser motivo de inspiración para su propio compromiso en mantener las suyas? Explique.

4. Usted está cansado, está enojado, no está de acuerdo. Ése no es el matrimonio que esperaba o la vida que quería. Pero las apariciones amenazadoras de su pasado están dentro de las promesas que usted hizo. ¿Puedo instarlo a que haga todo lo posible para mantenerlo? ¿Darle una oportunidad más? ¿Por qué usted debería? Entienda la profundidad del amor de Dios.

A. De todas las promesas que usted hizo, ¿cuál parece estar más en riesgo ahora mismo?

B. ¿Cómo el hecho de mantener su promesa puede ayudarlo a comprender mejor y a apreciar mejor el amor de Dios hacia usted?

5. Cuando ama el desamor, fíjese en lo que Dios hace por usted. Cuando deja la luz encendida del porche, para el hijo pródigo, cuando hace lo correcto aunque a usted le han hecho lo incorrecto, cuando ama al débil y enfermo, hace lo que Dios hace en cada momento.
   - A. ¿A qué persona desamorada Dios lo ha llamado a amar?
   - B. Piense en la semana que pasó. ¿Cómo Dios ha continuado mostrándole su amor, a pesar de sus acciones carentes de sentimientos?

Órdenes para partir

1. Lea 2 Samuel 9.
   - A. ¿Qué lo impulsó a David preguntar acerca de la familia de Saúl?
   - B. Al comienzo, ¿qué pensó Mefiboset sobre el nuevo interés real en él?
   - C. ¿Cómo ayudaron las acciones de David a que Mefiboset se sintiera relajado y confortable? (v. 7)

2. Lea 2 Corintios 1.20.
   - A. ¿Cuántas promesas de Dios han pasado su fecha de caducidad?
   - B. ¿Para quién son las legítimas promesas de Dios?
   - C. ¿Cómo honra mejor a Dios para que mantenga sus promesas?

3. Lea 2 Pedro 1.3-4.
   - A. ¿Qué es lo que nos hace falta para llegar a convertirnos en creyentes maduros?
   - B. ¿Qué clase de promesas nos han hecho?
   - C. Esas promesas, ¿qué nos permiten a nosotros hacer?

Líneas de combate

El libro de Génesis contiene muchos de los más importantes pactos de la Biblia. Tómese un tiempo para estudiar los siguientes pactos, teniendo en mente cómo se relaciona usted con ellos: Génesis 6.18-22; 9.9-17; 15.18-19; 17.2-14, 19-21 (también vea Éxodo 2.24).

15
AIRE DE ALTIVEZ

Reconocimiento

1. David sufre la enfermedad de la altitud. Ha permanecido en las alturas durante demasiado tiempo. El poco aire le ha confundido los sentidos. Ya no puede escuchar, como solía hacerlo. No puede oír las advertencias de sus sirvientes o la voz de su conciencia, ni tampoco a su Señor. El permanecer en el pináculo le ha embotado los oídos y lo ha cegado.
   A. Con sus propias palabras, ¿cómo describiría esta enfermedad de la altitud?
   B. ¿Cuándo se encuentra usted más expuesto a padecer esta enfermedad de la altitud?

2. ¿Cómo está de sus oídos? ¿Escucha a los enviados de Dios? ¿Escucha la conciencia que Dios despierta? ¿Y sus ojos? ¿Todavía ve a la gente? ¿O sólo ve sus funciones? ¿Ve a las personas que necesita o a las que están por debajo suyo?
   A. ¿Cómo respondería a cada una de las preguntas de Max arriba formuladas?

B. ¿En qué área de su vida podría Dios estar tratando de llamar su atención ahora mismo?

3. David nunca pudo recuperarse totalmente de su contienda con el gigante. No cometa su error. «Es mucho más sabio descender la montaña que caer de ella».
   A. ¿Qué piensa que Max quiso decir cuando escribió «Es mucho más sabio descender la montaña que caer de ella»?
   B. ¿De qué montaña podría usted necesitar descender voluntariamente, al menos un momento?

4. Ejerza la humildad... Abrace su pobreza... Resístase a ocupar el lugar de la celebridad.
   A. ¿Qué le parecería a usted ejercer la humildad?
   B. ¿Qué pobreza tiene usted que debería abrazar?
   A. ¿Cómo puede resistirse mejor a ocupar el lugar de la celebridad?

Órdenes para partir

1. Lea 2 Samuel 11.1-26.
   A. ¿Cuál fue el comienzo de los problemas de David en este capítulo?
   B. ¿Cómo mostró Urías, un hitita, no un hebreo, ser más honorable que David? (v. 11).
   C. ¿Cómo este incidente ilustra la verdad de Números 32.23?

2. Lea Proverbios 16.18.
   A. ¿Cómo el orgullo destruye a una persona?

B. ¿De qué manera David muestra arrogancia en el incidente con Betsabé?

C. ¿Qué clase de destrucción y caída experimentó David cuando Dios dejó ver su pecado?

3. Lea 1 Pedro 5.6.

A. ¿Qué mandatos se les da a los creyentes en este versículo?

B. ¿Qué promesa se les da a éstos que consideran el mandato?

C. ¿Cuándo Dios cumplirá esa promesa?

Líneas de combate

Una y otra vez en la Biblia nos dicen que debemos ejercer la humildad. ¿En qué áreas de nuestra vida necesitamos hacer esto más? Pase algún tiempo pensándolo y entonces diseñe un plan especificando cómo puede llevarlo a la práctica. Determine pasos prácticos y concretos a seguir *esta semana* para ejercer la humildad en esa área. Luego sígalos.

16
COLAPSOS COLOSALES

Reconocimiento

1. David seduce, y no hay mención de Dios. David trama, y no hay mención de Dios. Urías está enterrado, Betsabé está casada, y no hay mención de Dios. No se le habla a Dios y Él no habla.

A. ¿Usted cree que esta ausencia de Dios es la causa o el resultado de lo que ocurrió en la vida de David? Explique.

B. ¿Por qué cree que Dios no le habla durante toda esa actividad despiadada? ¿Por qué está silencioso?

2. Las palabras de Dios reflejan dolor, no odio; trasuntan desconcierto, no subestimación. Tu ganado llena las colinas, ¿por qué robar? La belleza puebla tu palacio, ¿por qué tomarla de alguien?
   A. ¿Qué cree usted que fue lo que más lo lastimó a Dios del pecado de David?
   B. ¿Qué cree que es lo que más lastima a Dios respecto a su pecado?

3. Estos colosales colapsos no nos dejarán solos. Permanecerán en la superficie como un forúnculo en la piel.
   A. ¿Por qué los colosales colapsos no nos dejarán solos? ¿Es esto algo bueno o malo? Explique.
   B. ¿Alguna vez ha sufrido un colosal colapso? Si es así, ¿qué pasos siguió para poder recomponerse?

4. Si piensa que mi madre fue dura... pruebe las manos de Dios. Los pecados inconfesables se asientan en nuestros corazones como forúnculos que se ulceran, se infectan y expanden. Y Dios, con cálidos y bondadosos pulgares, aplica la presión.
   A. Si Dios sabe todas las cosas, entonces ¿por qué es tan difícil algunas veces confesarle nuestros pecados?
   B. ¿Cómo puede la gracia a veces causar ese tipo de sufrimiento profundo? ¿Cómo puede el dolor ser un don de la gracia?

5. Dios hizo con el pecado lo que hace con los suyos y con los míos: los guarda. Es tiempo de que usted ponga su «tercera semana de marzo de 1987» a descansar. Prepare una reunión de tres integrantes: usted, Dios y su recuerdo. Ubique el error ante el asiento juzgador de Dios. Permítale que lo condene, que lo perdone y que lo guarde.
   A. ¿Cuál es la diferencia entre guardar un pecado y simplemente olvidarlo?
   B. ¿Le ha pedido a Dios que guarde sus pecados, todos ellos? Explique.

Órdenes para partir

1. Lea 2 Samuel 11.27-12.25.
   A. Nombre todos los elementos del comportamiento de David que desagradan al Señor en este pasaje.
   B. ¿Cómo alcanza la profecía de 12.10 su culminación en la vida de Cristo Jesús?
   C. ¿Cuál fue la primera cosa que David hizo correctamente luego de muchos meses de deliberada rebelión? (12.13) ¿Cómo le respondió Dios?

2. Lea Salmos 32.3-5.
   A. ¿Cómo se sintió David durante el tiempo que trató de encubrir su pecado?
   B. ¿Cómo Dios trató a David durante el tiempo en que rechazó admitir su pecado?
   C. ¿Cómo Dios reaccionó cuando David finalmente confesó su pecado?

3. Lea Salmos 103.11-13.
   A. ¿Para quienes Dios tiene un gran amor, de acuerdo con el versículo 11? ¿Qué significa temer a Dios?
   B. Exprese con sus propias palabras el tema del versículo 12.
   C. ¿Sobre quiénes el Señor muestra gran compasión, de acuerdo con el versículo 13?

Líneas de combate

Existe algún pecado en su pasado reciente que tenga para identificar, confesar y abandonar? Si es así, tómese un tiempo ahora mismo para estar frente al Señor y nombrar su pecado por lo que es, rebelión espiritual, una bofetada en la cara de Dios, una mancha oscura sobre la santa persona del Señor. Agradézcale a Dios que haya removido la culpa, y pídale fuerzas para no sólo evitar el pecado en el futuro sino obedecer gustosamente sus consejos y su Palabra.

17
ASUNTOS DE FAMILIA

Reconocimiento

1. Su fracaso más grande es estar ausente de su familia. Su rol de padre pasivo y el ser un extendido mujeriego no fueron pecados de un lento atardecer, o de alienadas reacciones en defensa propia. El arruinar a su familia a lo largo de la vida, le costó muchísimo.
   A. ¿Está de acuerdo en que estar ausente de su familia fue la falla más grande de David? ¿Por qué sí o por qué no?

B. ¿Qué hay en común, si es que hay algo, entre el manejo que hace David de su familia y la forma que usted se desenvuelve con la suya?

2. David triunfó en todas partes, excepto en su hogar. Y si usted no triunfa en su hogar, ¿no es exitoso?

A. ¿Cómo respondería a la pregunta de Max arriba formulada?

B. ¿Cómo se honra a Dios triunfando en el hogar?

3. El día de su boda Dios le prestó su trabajo artístico; complicadamente manufacturado, una obra maestra formada con precisión. Y se lo encargó a usted como una creación única. Para que la valore, honrándolo a Él.

A. Si está casado, describa la obra de arte que Dios le dio a usted el día de su boda.

B. ¿Cómo puede valorar a su esposa de una manera práctica y obvia? ¿Cómo puede honrar a su esposo de una manera concreta y gratificante?

4. Mamás y papás, más valiosos que todos los ejecutivos y legisladores del oeste del Mississippi, mantienen en silencio al mundo unido.

A. ¿Está de acuerdo con el sentimiento expresado más arriba? ¿Por qué sí o por qué no?

B. Describa la influencia que hayan tenido su padre y su madre en usted.

5. Sospecho que David hubiera canjeado todos sus conquistadas coronas por los cariñosos brazos de una esposa. Pero fue demasiado tarde. Murió con los cuidados de una extraña porque se manejó con extraños fuera de su familia. Pero no es demasiado tarde para usted.
   A. ¿Qué áreas de su hogar le gustaría ver mejorar el próximo año?
   B. ¿Qué cosas específicas puede hacer para fomentar esos cambios?

Órdenes para partir

1. Lea 2 Samuel 13.21, 37-38; 14.28; 15.1-37; 1 Reyes 1.6.
   A. ¿Qué clase de padre pareció tener David, basándose en la información de estos versículos?
   B. ¿De qué manera David falló como esposo?
   C. ¿Qué pudo haber hecho David de diferente manera para ahorrarse los problemas con los que se enfrentó?

2. Lea Proverbios 25.28; 29.11; Hechos 24.25.
   A. ¿Por qué un hombre que carece de autocontrol es como una ciudad cuyas paredes fueron derribadas?
   B. ¿Cuál es el nombre bíblico para alguien que rechaza controlar su temperamento?
   C. ¿Usted hubiera esperado que Pablo incluyera el autocontrol como un tema, junto con la rectitud y el juicio venidero? Explique.

3. Lea Efesios 6.4 y Tito 2.4-5.
   A. ¿Por qué piensa que a los padres (como opuestos a las madres) se les ha dado instrucciones en Efesios 6.4?

B. ¿A quién se le da la responsabilidad de enseñar a las madres jóvenes cómo construir un hogar piadoso y fuerte? (Tito 2.4)

C. ¿Cuál es el fundamento que está detrás de esta enseñanza? (Tito 2.5)

Líneas de combate

¿Realmente quiere saber lo saludable que es la vida de su familia? Entonces comience a encuestar a sus miembros. Pregúnteles a todos individualmente qué piensan sobre la manera en la que usted los trata y en que cuida de ellos. Tome esta conversación con seriedad, realice las correcciones que considere necesarias, ofrezca las disculpas del caso y comprométase con Dios a construir la más sólida familia.

18
ESPERANZAS DESTROZADAS

Reconocimiento

1. Yo lo había intentado... había hecho preparativos... *Pero* Dios...
   A. ¿Qué dice esta historia sobre los deseos de David de construir el templo, a aquellos que piensan que los sueños personales son siempre el sendero que conduce a lo mejor de Dios?
   B. ¿Qué planes ha hecho y preparado para que Dios los altere de alguna manera?

2. ¿Qué hace usted con los momentos «pero Dios» de su vida? Cuando Dios interrumpe sus planes buenos, ¿cómo responde?

A. ¿Cómo responde a las dos preguntas que se formulan más arriba?

B. ¿Ve esos momentos «pero Dios» como buenos o malos? Explique.

3. Cuando a usted le dan un helado de frutas, no se queja porque le falta una cereza. David se enfrentó al gigante de la decepción con el «sin embargo Dios». David confió.

   A. ¿Por qué generalmente nos quejamos porque nos falta una cereza cuando nos dan un helado de frutas? ¿Ha hecho alguna vez esto? Si es así, describa qué ocurrió.

   B. ¿Cómo ha confiado en Dios en los momentos decepcionantes de su vida?

4. Su «pero Dios» se convirtió en un «sin embargo Dios». ¿Quién puede decir que el suyo no se convertirá en lo mismo?

   A. ¿Qué explica la transición que va de «pero Dios» a «sin embargo Dios»? ¿Qué hace la diferencia?

   B. ¿Cuál «sin embargo Dios» le gustaría ver que rebase al «pero Dios»? Descríbalo.

Órdenes para partir

1. Lea 1 Crónicas 28.2-19.

   A. ¿Qué deseó hacer David? ¿Fue ése un buen deseo? (vea 2 Crónicas 6.8)

   B. ¿Por qué Dios no le permitió a David ver su deseo cumplido?

   C. ¿Qué le dio Dios a David en su lugar?

2. Lea Hechos 16.6-10.
   A. Describa los planes de viaje originales de Pablo. ¿Fue bueno para él tener un plan?
   B. ¿Cómo Dios alteró los planes del ministerio de Pablo? ¿Por qué hizo eso?
   C. ¿Qué ocurrió cuando Pablo permitió que Dios alterara sus planes?

3. Lea Job 42.2; Proverbios 21.30; Jeremías 29.11.
   A. ¿Por qué tenemos que tener confianza en los planes que Dios tiene para nosotros?
   B. ¿Por qué no tenemos que temer que los planes de otros descarrilen el futuro que Dios ha planeado para nosotros?
   C. ¿Qué clase de plan tiene Dios para nosotros de acuerdo con Jeremías 29.11?

Líneas de combate

Mucho más frecuentemente hacemos nuestros planes y le pedimos a Dios que los bendiga, en lugar de pedirle que nos ayude a construirlos de forma tal que le agraden a Él. ¿Ha sometido sus planes a Dios? Si no lo hizo, hágalo hoy mismo. Ore algo como esto: «Padre, no quiero caminar mi propio camino. Quiero estar donde tú quieras que yo esté, haciendo lo que tú quieras que yo haga. Por eso quiero que me perdones por hacer mis planes sin ti; y ayúdame a estar en el camino contigo. Muéstrame tus planes para mi vida, y entonces dame el coraje y la sabiduría para seguirlos. Y, Señor, cuando me encuentre con un "pero Dios", ayúdame inmediatamente a buscar el "sin embargo Dios". En el nombre de Jesús, amén».

19
¡DERRIBE A GOLIAT!

Reconocimiento

Utilice sus cinco dedos para que le recuerden las cinco piedras que necesita para prevalecer sobre su Goliat. Permita que su dedo pulgar le recuerde...

1. La piedra del pasado

Haga un listado de los triunfos de Dios. Guarde una lista de sus registros mundiales. ¿No lo ha hecho caminar por alta mar? ¿Probar su fe? ¿No ha conocido su provisión?... Escriba las preocupaciones en la arena. Talle las victorias de ayer en piedra.

A. En el pasado año, ¿qué logros Dios le ha otorgado? A lo largo de su vida cristiana por qué alta mar lo ha hecho caminar?

B. Piense en el último mes. ¿Qué preocupaciones que ocuparon su tiempo nunca se materializaron?

2. La piedra de la oración

Fíjese el valle que hay entre el dedo pulgar y el índice. Para pasar de uno al otro, debe atravesarlo. Permítame recordarle el descenso de David. Antes de ascender, fue hacia abajo; antes de ascender hacia la pelea, descendió hacia la preparación. No se enfrente a su gigante sin primero hacer lo mismo. Dedíquele tiempo a la oración.

A. ¿Sobre qué clase de cosas usted generalmente ora? ¿Qué clase de cosas parecen que escapan de su atención en la oración?

B. ¿Cuándo considera que es el mejor momento para orar? ¿Por qué?

3. La piedra de la prioridad

Deje que su dedo más largo le recuerde la primera prioridad: la reputación de Dios.

A. Si la reputación de Dios estuviese basada solamente en su comportamiento, ¿qué clase de reputación tendría Dios?

B. Si usted fuese a vivir toda su vida por la gloria de Dios, incluyendo en su familia, su trabajo, su vida de recreación, etc., ¿qué necesitaría cambiar?

4. La piedra de la pasión

David no corrió para escaparse, sino hacia su gigante... ¡Haga lo mismo! ¿Qué bien hace considerar el problema? Ha estado fijándose en él tanto tiempo como el que se necesita para contar los vellos del pecho de Goliat. ¿Y eso ha ayudado? No. El hacer una lista de sus heridas no es condición para curarlas. Detallar los problemas, no los resolverá. Clasificar los rechazos, no los quitará. David le hizo una lobotomía al gigante porque enfatizó al Señor.

A. ¿Sobre qué usted se apasiona más? ¿Diría que se apasiona por Dios? Explique.

B. ¿Cómo podría incrementar su pasión por Dios? ¿Qué podría hacer para moverlo hacia el lugar más considerado de su vida?

5. La piedra de la persistencia

Nunca se abandone. Una oración puede no ser suficiente. Una disculpa podría no serlo. Un día o un mes de determinación podría no bastar. Tal vez lo derriben una vez o dos... pero no se aparte. Manténgase cargando las piedras. Manténgase balanceando la honda.

A. ¿Cómo la falta de persistencia lo ha dañado en el pasado? ¿Cómo el compromiso en la persistencia resultó provechoso hasta aquí?

B. ¿Cuál es la persona más persistente que usted conoce? ¿Qué le da a él o a ella esa cualidad? ¿Qué puede aprender de esa persona para incrementar su propia persistencia?

Órdenes para partir

1. Lea 1 Crónicas 16.7-36.
   A. ¿Por qué es tan importante hablar de lo que Dios ha hecho?
   B. ¿Por qué es tan importante recordar los juramentos del pacto que Dios ha hecho?
   C. ¿Por qué es tan importante adorar a Dios con un corazón exuberante y lleno de agradecimiento?
2. Lea Efesios 6.18-20.
   A. ¿Qué significa orar «en el Espíritu»?
   B. ¿Para quién nos instruyeron a orar? ¿Cuán a menudo?
   C. ¿Por qué es importarte estar alerta en nuestras plegarias?

3. Lea Colosenses 3.23-24.
   A. Dejando de lado a su empleador, ¿usted para quién realmente trabaja? ¿Por qué es importante recordarlo?
   B. ¿Por qué Dios considera que es tan importante que emprendamos nuestra tarea con todo nuestro corazón?
   C. ¿Qué recompensa se le promete a aquellos que cumplan con este mandato?

Líneas de combate

A través de la Biblia, y todavía hoy, Dios está buscando a aquellos que serán incondicionales respecto de cualquier tarea que realicen, como perseguir su gloria. Haga su propio inventario. ¿En qué áreas de la vida es usted un incondicional? ¿En qué áreas de la vida no es tan incondicional? ¿Cómo puede someter toda su vida a la de nuestro Señor y vivirla apasionadamente en cada terreno?

EPÍLOGO
LO QUE COMENZÓ EN BELÉN

Reconocimiento

1. Parece que usted, como David, tiene mucho en común con Jesús. Importante, ¿no es cierto? Yo creo que sí. Jesús lo entiende. Él entiende el anonimato de la pequeña ciudad y la presión de la gran ciudad. Ha caminado las pasturas y los palacios de los reyes. Se ha enfrentado al hambre, a la pena y a la muerte y quiere enfrentarse a ellas con usted.
   A. ¿Qué cree usted que tiene en común con Jesús? Haga una lista detallada.
   B. ¿Cómo puede Jesús ayudarlo a enfrentarse al hambre, a la pena y a la muerte?

2. Jesús nunca perdió la huella. E igual de sorprendente es que nunca se distancia de los que lo hacen.
   A. ¿Por qué es importante que Jesús nunca haya perdido la huella?

B. ¿Cómo puede Jesús ser un ejemplo para usted para que pueda interactuar con gente difícil?

3. Jesús no estaba avergonzado de David. No está avergonzado de usted. Él lo llama a usted hermano, la llama a usted hermana. La pregunta es: ¿usted lo llama a Él Salvador?
   A. ¿Por qué no estaba Jesús avergonzado de David? ¿Por qué no está avergonzado de usted?
   B. ¿Usted lo llama a Él Salvador? Explique.

4. Una palabra de su parte y Dios hará otra vez lo que hizo con David y millones como él: pedirá por usted, lo redimirá y utilizará.
   A. ¿Cómo impacta en usted el hecho de que Dios lo ha solicitado?
   B. ¿Cómo cree que quiere Dios utilizarlo? ¿Qué misión le ha asignado?

Órdenes para partir

1. Lea Hebreos 4.14-16.
   A. ¿Por qué debería Jesús, como nuestro gran sumo sacerdote, permitirnos aferrarnos a la fe que profesamos?
   B. ¿Por qué le es posible a Jesús entender nuestras debilidades?
   C. ¿De qué manera es nuestro gran sumo sacerdote diferente de nosotros?

2. Lea 1 Juan 4.9-11.
   A. ¿Cómo mostró Dios su amor por nosotros? ¿Cuál fue el propósito de su accionar? (v. 9)

B. ¿Por qué vino Jesús a este mundo, de acuerdo con el versículo 10?

C. ¿Qué conclusión alcanzó Juan, basado en lo que ha dicho en los versículos 9-10?

3. Lea Hebreos 2.11-18.

A. De acuerdo con el versículo 11, ¿cómo llama Jesús a aquellos que Él santifica? ¿Por qué los llama de esa manera?

B. ¿Cuál fue el propósito de que Jesús fuese humano, de acuerdo con el versículo 14-15?

C. ¿Por qué Jesús puede entender completamente cualquier problema o desafío al que tenga que enfrentarse, de acuerdo con los versículos 17-18? ¿Cómo esto lo hace el perfecto socorro para usted?

Líneas de combate

Tómese un tiempo agradeciendo a Dios por santificarlo, utilizarlo y haberlo solicitado. Pídale que lo utilice para traer a otros hacia Él, y entonces busque caminos para bendecir a esos otros, así como Dios lo ha bendecido a usted. Examine las cinco piedras con las cuales ha sido equipado para enfrentarse a sus gigantes.

Notas

1. Paráfrasis del autor.
2. Ver Éxodo 9.22-23, Josué 6.15-20, y 1 Samuel 7.10.
3. Paráfrasis del autor.
4. Énfasis del autor en todos estos versículos.
5. Los nombres y los detalles han sido cambiados.
6. Eugene Peterson, *Leap Over a Wall* [Saltar una muralla] (San Francisco: HarperSanFrancisco, 1997), p. 65.
7. Malachi Martin, *King of Kings* (New York: Simon and Schuster, 1980), p. 206.
8. "Reinstated", *Favorite Stories of Bob Russell*, vol. 5, CD-ROM (Louisville, KY: Living Word, Inc., 2005).
9. http:///www.safenet.org/archive/402_survtree.cfm
10. M. Norville Young con Mary Hollingsworth, *Living Lights, Shining Stars: Ten Secrets to Becoming the Light of the World* (West Monroe, LA: Howard Publishing, 1997), p. 39.
11. Ernest Gordon, *To End All Wars: A True Story About the Will to Survive and the Courage to Forgive* (Grand Rapids: Zondervan, 2002), pp. 105-6, 101.
12. Hans Wilhelm Hertzberg, *I and II Samuel*, trad. al inglés por J. S. Bowden (Philadelphia: Westminster Press, 1964), pp. 199-200.
13. Gordon, *To End All Wars*, p. 101-2.
14. Associated Press, "450 Sheep Jump to their deaths in Turkey", 8 julio 2005.

15. C. J. Mahaney, "Loving the Church", grabación de un mensaje de Covenant Life Church, Gaithersburg, MD, sin fecha. Citado por Randy Alcorn en *Heaven* (Wheaton, IL: Tyndale House, 2004), p. xxii.
16. Peterson, *Leap Over a Wall*, p. 112.
17. C. S. Lewis, *A Grief Observed* (San Francisco: HarperSanFrancisco, 1961), p. 24.
18. F. B. Meyer, *Abraham*, citado por Charles R. Swindoll, *The Tale of the Tardy Oxcart: And 1,501 Other Stories* (Nashville: Word Publishing, 1998), p. 254.
19. Ann Kaiser Stearns, *Living Through Personal Crisis* (New York: Ballantine Books, 1984), p. 6.
20. Thomas P. Davidson, *I Called Him Roosk, He Called Me Dad: A Collection of Thoughts About a Father's Faith, Love, and Grief After Losing His Son* (publicación propia), p. 36-7.
21. George Arthur Butterick, ed., *The Interpreter's Dictionary of the Bible: An Illustrated Encyclopedia* (Nashville: Abingdon, 1962), s.v. "Urim and Thummin", y Merrill C. Tenney, ed. gén., *Pictorial Bible Dictionary* (Nashville: Southwestern Company, 1975), s.v. "Urim and Thummim".
22. F. B. Meyer, *David: Shepherd, Psalmist, King* (Fort Washington, PA: Christian Literature Crusade, 1977), p. 101-2.
23. Algunos eruditos sugieren que la frase «los hijos de Abinadab» en 2 Samuel 6.3 debe entenderse como una referencia general a los «descendientes de Abinadab» (Earl D. Radmacher, ed. gén., *Nelson's New Illustrated Bible Commentary* [Nashville: Thomas Nelson, 1999]). También ver 1 Samuel 7.1 donde a Eleazar le llaman hijo de Abinadab.
24. Fred Lowery, *Covenant Marriage: Staying Together for Life* (West Monroe, LA: Howard Publishing, 2002), p. 44.
25. Ibid., p. 45.
26. *San Antonio Express News*, 23 abril 2005.
27. Paul Aurandt, *Paul Harvey's the Rest of the Story*

ACERCA DEL AUTOR

MAX LUCADO es el pastor principal de la iglesia Oak Hills en San Antonio, Texas. Es el esposo de Denalyn y el padre de Jenna, Andrea y Sara. Es el autor de muchos éxitos de librería y considerado un líder entre los autores de inspiración en los Estados Unidos.

Visite su sitio en la Internet

www.maxlucado.com.

Enfrente a sus gigantes también disponible en inglés,
ISBN: 0-84990-181-2

GRACIA
PARA TODO MOMENTO
VOLUMEN II
Más pensamientos inspiradores para cada día del año
Max Lucado

MAX LUCADO
Cuando te sientas vacío, deja que Dios te llene de
UN AMOR QUE PUEDES COMPARTIR
Cómo Disfrutar el Desbordamiento del Amor de Dios

GRACIA
PARA TODO MOMENTO
Pensamientos Inspiradores para cada día del año
Max Lucado

CUANDO DIOS SUSURRA TU NOMBRE
MAX LUCADO

MAX LUCADO
ÉL ESCOGIÓ LOS CLAVOS

MAX LUCADO
ACERCATE SEDIENTO

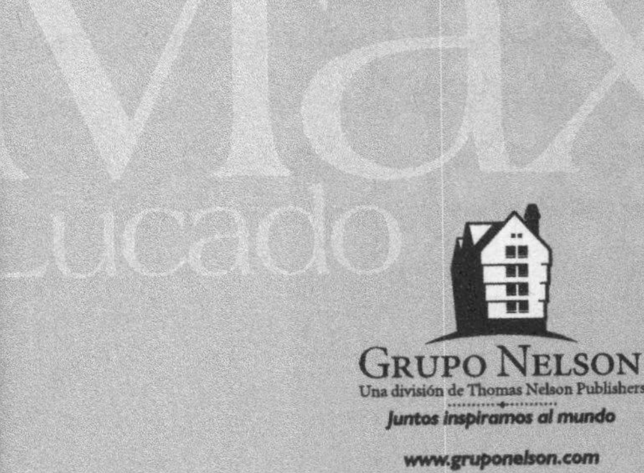
Max Lucado
GRUPO NELSON
Una división de Thomas Nelson Publishers
Juntos inspiramos al mundo
www.gruponelson.com

Otros libros de *inspiración* por Max Lucado

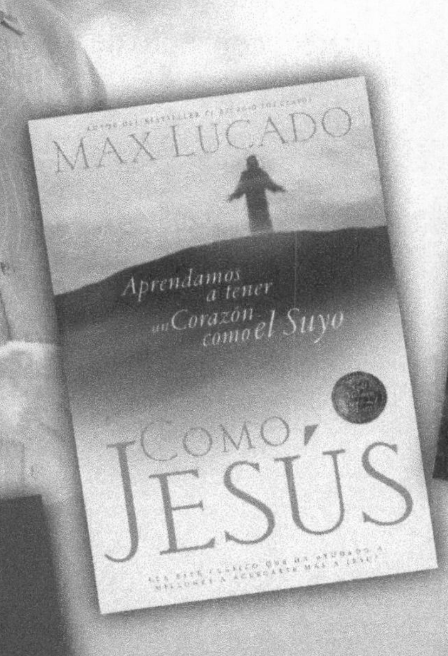

MAX LUCADO
ALIGERE SU EQUIPAJE

CAFECITO con MAX
MAX LUCADO

MAX LUCADO
EN EL OJO DE LA TORMENTA
UN DÍA EN LA VIDA DE JESÚS

Mi Salvador y Vecino

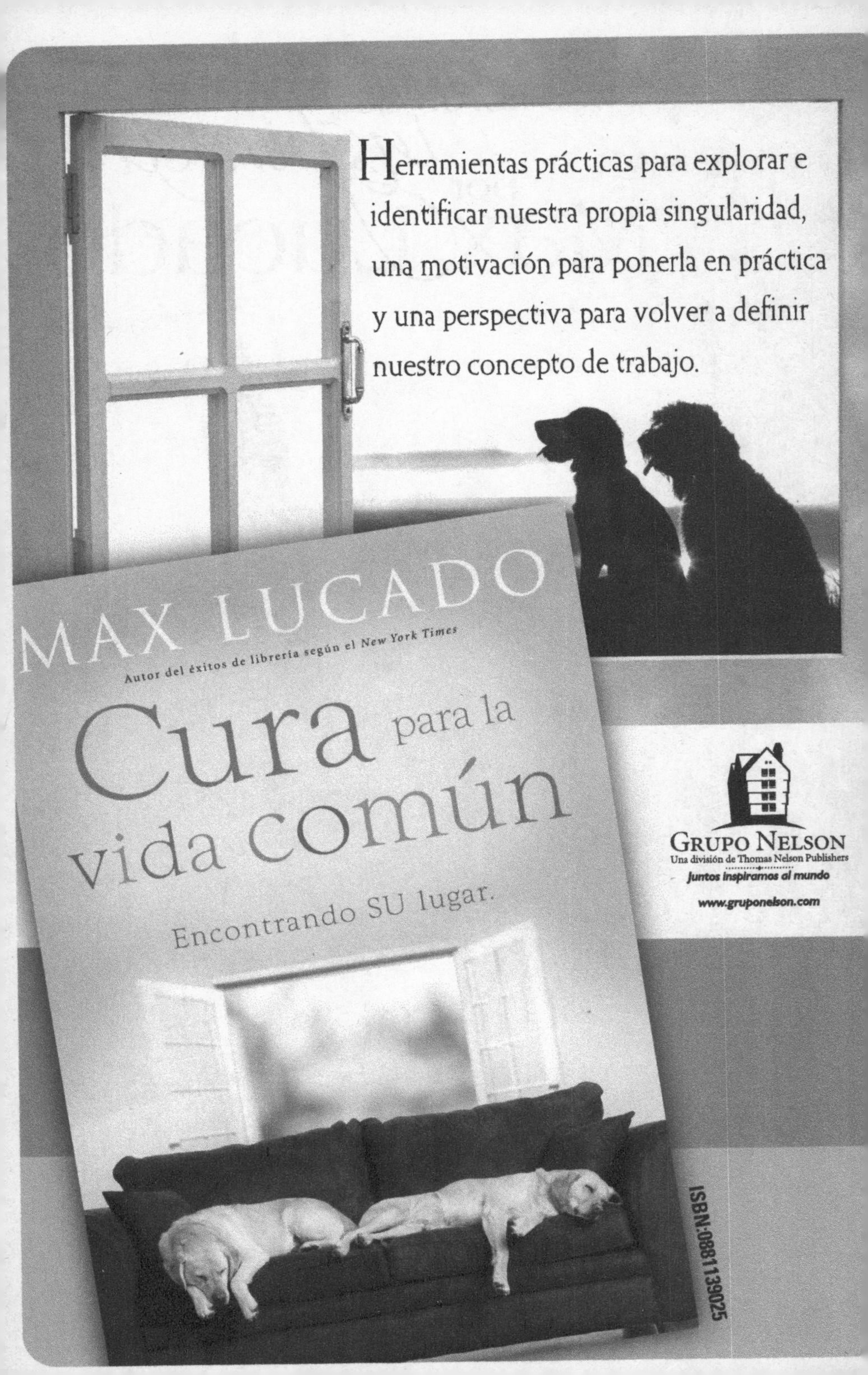
Herramientas prácticas para explorar e identificar nuestra propia singularidad, una motivación para ponerla en práctica y una perspectiva para volver a definir nuestro concepto de trabajo.
MAX LUCADO
Autor del éxitos de librería según el New York Times
Cura para la vida común
Encontrando SU lugar.
GRUPO NELSON
Una división de Thomas Nelson Publishers
Juntos inspiramos al mundo
www.gruponelson.com
ISBN:0881113025